Римские цифры

Михаил Блехман

IGRULITA Press, USA

Наде

Вот три удара, словно пенье
Далёкое - колоколов...
И я, чтоб задержать мгновенье,
Их сковываю цепью слов.

Зинаида Гиппиус

Мы были как бы сплетены в гирлянду.

Хулио Кортасар

Если не убирать лицо от поглаживающих щёки звёздочек, спускающихся к тебе с простывшего неба, почувствуешь, что ты не один. Точнее, не одинок, даже когда один. А звёздочки покажутся лепестками, которые кто-то обрывает и бросает сюда, вниз, и они гладят по щекам, ненавязчиво и нескончаемо. И просят, приговаривают:
"Не откладывай перо, не захлопывай блокнот. Продолжай".
Это говорит она, это её голосом говорят со мной тёплые зябкие звёздочки.
"Но я совсем не всё помню и ненамного больше знаю", - пробую оправдаться.
Настойчиво возражая, они покачивались на медленном лету, словно многочисленные собеседники покачивают головами:
"То, что было тогда, отразится в том, что у тебя есть сейчас, чего у тебя так много... И станет тем, что ещё обязательно будет. Не бойся своего блокнота. Доверься ему. Бумага терпит не всё, тебе ли не знать, - но то, что хочешь доверить ей ты, она не терпит, наоборот - хранит".

"А вдруг я ошибусь?.."
Они как будто улыбнулись:
"Только если захлопнешь блокнот. Но ведь ты не захлопнешь?"
Она придвинула мне чернильницу:
"Вот твои любимые фиолетовые чернила. Вот ручка, ещё с тех времён, которые никогда не вспомнить, если однажды вдруг забыть... Но ведь ты не забыл?"
Я взял подаренный мне блокнот со стула, который всегда стоит у изголовья дивана. Обмакнул ручку в чернила, поднёс её к зеркально чистой странице. И увидел там, в этом зеркале, отражение того, о чём давно собирался рассказать. И мне уже неважно, будут ли меня слушать. Гораздо, неизмеримо важнее - рассказать.
Конечно, не захлопну.
Иначе - зеркало треснет. Иначе - его некому будет починить. Иначе - не расскажу то, о чём не забыл и не забуду.
Конечно, не забыл. Расскажу всё как было, пусть даже было немного не так. Отражение потому и называют отражением, что оно всего лишь похоже на оригинал. Даже - если очень похоже.
Дорогие мне римские цифры помогут мне, они обещали.
Любимые фиолетовые чернила и не менее любимые зеркальные страницы не подведут меня. И я постараюсь не подвести их - и тех, о ком рассказываю.
Знаю, что не подведу.
Важнее, чем знаю, - верю.

I

Самуил снова вернулся из мединститута намного раньше: на этот раз, конечно, отменили лекцию профессора Каца.
- Правильно поставленный диагноз, - говорил профессор Кац, - это на 90% положительный результат. В остальных 10-ти - медицина, то есть мы с вами, бессильна. А неправильный диагноз - это на 90% отрицательный результат. Остальные 10 приходятся на

большое, незаслуженное нами, но заслуженное пациентом везение.
 - Интересно, - Самуил чуть не плюнул с досады, швыряя портфель и темпераментно разуваясь, - лечение тоже отменят? Может, и больницы, и поликлиники? Тогда я им тоже не понадоблюсь? Затушуют нас вместе с Кацем, как в школьных учебниках заставляли закрашивать, чтоб неповадно было.
 - Не исключено. - усмехнулся Владимир Фёдорович. - Начальство ведь имеет тонкие виды.
 Мария Исааковна вспыхнула:
 - Прикуси язык, Петкевич! Тебя только нам не хватало!
 - Зачем кусать? Может, лучше перекусим? - как всегда примирительно, предложил Владимир Фёдорович. - Сегодня отменили занятия, завтра отменят отмену. Не голодать же нам из-за них. А чтоб отменить больницы - это как же им самим нужно заболеть, и на какое место?
 - Повыздыхают все! - рявкнул Самуил.
 Кларе всё же удалось успокоить его - чтобы Кларе не удалось?
 - Боялись, что он кого-нибудь из них отравит, - заметила она. - А что ещё остаётся с такой-то фамилией! Она для них - хуже любой отравы. Когда они её слышат, лица становятся похожими на недоеденный лимон.
 Самуил согласился, что диагноз поставлен правильно.
 На коммунальной кухне дожаривались котлеты и уже настаивался борщ. Самуил поцеловал Клару и Мишу - "Привет, рыжий!" и пробурчав "Вроде всех уже затушевал, так нет же, оказывается, остались ещё на свою голову. И на мою тоже", - пошёл мыть руки. К счастью для соседей, особенно для Стрелковой, любивший мыться на зло всем часам, ванная была свободна.
 Клара улыбнулась, заметив почти незаметную, но такую реальную связь между фотографиями, которые пришлось затушёвывать в довоенных школьных учебниках, и отменённой лекцией профессора Каца. Поставила Мишу на пол. Нельзя приучать ребёнка к рукам - вот только как самой разучиться?

Она старалась, но это оказалось намного сложнее, чем выучить латынь и Римское право. Юридический институт она закончила с отличием. Осталось закончить мединститут Самуилу и получить распределение - всем троим, конечно.

- И не вздумайте никому ничего рассказывать, Самуил, - строго сказала Мария Исааковна, когда тот вернулся из коммунальной ванны. - Отменили и отменили, мы ничего толком не знаем. Мало ли что.

- Что да, то да, - пожал плечами Самуил, - я действительно ничего толком не знаю.

- Вот именно. Мы уже столько всего пережили, что это уж как-нибудь переживём. Чтоб это было самое большое наше горе.

Самуил снова поцеловал Клару и дал Мише нечувствительный подзатыльник.

- Горе, Мария Исааковна, будет моим пациентам, если они останутся без меня.

- Почему это они останутся без вас?

- Да, Сеня, почему они должны остаться без тебя?

- Потому, что недоучкой я к ним на пушечный выстрел не подойду. Иначе они же меня и затушуют, дай им бог здоровья.

Он расхохотался, взял верхнее ля из "Вернись в Сорренто", и они пошли к столу.

Клара налила всем борща, а за окном, на заснеженной Сумской, было зябко и неуютно, ветер свистел так, как только Самуилу удавалось свистнуть несколькими пальцами.

Зиме хотелось привлечь к себе внимание всего Харькова. Она неслась какими-то немыслимыми неудержимыми восьмёрками с Шатиловки, от парка Горького, улюлюкала, выла, почти мычала, не понимая, что все её завывания и причитания не только не страшны, а просто смешны тем, кому удаётся вот такое ля. И у кого получается такой вот борщ.

II

А в марте по-настоящему похолодало.

Правда, не было сумасшедших извивающихся позёмок-восьмёрок, не было заумного заоконного улюлюканья и завывания.
Но был траурно чёрный, плоский, как дурацкая шутка, репродуктор на стене в их единственной комнате. Каркающий похуже любой вороны.
Мария Исааковна и Владимир Фёдорович ушли на работу, Самуил - в свой мединститут: там, как и предполагал Владимир Фёдорович, отменили отмену занятий. А Клара с Мишей остались дома.
Былое пятое марта. Мише два месяца назад пошёл второй год.
Совсем вроде бы недавно всё было хорошо. Было холодно, но терпимо, проблем хватало, но разве это были проблемы? Самая большая из них - это то, что Миша, как актёр-любитель, не знал, куда девать руки. И всё тянул в рот и жевал всё подряд, даже то, что никак не жевалось.
Вроде бы должно было хоть немного потеплеть...
Репродуктор помолчал, собираясь с духом, - и сказал, наконец, то, о чём не мог уже молчать.
И что простить ему было невозможно...
Он сказал это голосом, когда-то объявившим войну и совсем ведь недавно - Победу. Голосом, которого боялись и ждали. Не разменивавшимся по пустякам. Говорившим только то, что никто, кроме него, не осмелился бы произнести.
Он осмелился.
Репродуктор почернел от горя, собрался-таки с духом и сообщил своим прекрасным голосом последние известия. Я подумала, что они и вправду будут последними.
Клара взяла Мишу на руки, чтобы успокоить его, - вот и не приучай ребёнка к рукам, - но он не успокаивался, потому что она ведь сама плакала - как никогда...
Раньше у неё не было причин плакать, тем более - так...
Когда год с лишним назад они с Самуилом предновогодним декабрьским вечером шли в роддом и она время от времени садилась в сугробы, чтобы перевести дух, ей было больно, - но совсем не так, как

сейчас... Та декабрьская боль имела смысл, и если бы у Клары были силы радоваться ей, она бы радовалась... А эта, мартовская, была дико бессмысленной и безнадёжной. Хуже всего, что - совершенно безнадёжной. Какой смысл в том, в чём нет надежды? Надежда - это же и есть смысл, да?..

Прекрасный голос не раз объявлял о чём-то страшном, но надежда всё равно была.

И только сейчас, только в этот жуткий, так и не ставший весенним день, надежды не было.

Клара и Миша плакали - если это можно назвать плачем. Словно вернулись, ворвались с улицы казалось утихнувшие до следующей зимы зимние стоны.

И голос в репродукторе хотел бы заплакать вместе с ними, но ему было нельзя. Он не мог позволить себе этого. Можно было только им...

А стоявший на шкафу белый бюст в генералиссимусовской форме не мигая и, наверно, словно не подозревая, что это о нём говорит чёрный репродуктор, смотрел в окно - на замёрзшую Сумскую, на продрогшую Тринклера. Старался разглядеть скрывшуюся за углом Бассейную.

Смотрел - и не знал, что его уже нет.

III

Самуилу целый год оставался до конца комсомольского возраста, когда он окончил мединститут.

Он мечтал стать врачом с тех ещё пор, когда не требовали заштриховывать портреты в учебниках. Сначала просто мечтал, а потом - знал, как этого добиться. Играли с Гришкой в Ворошилова, форсировали Луганку. Уставал так, как, наверно, не уставал ворошиловский скакун после кровопролитного боя, - и мечтал всё о том же. Соседи и родители о его мечтах не знали, потому что если бы узнали, сказали бы, мол, куда конь с копыт**о**м, туда и рак с клешнёй.

Всё ещё пацаном, таскал на спине неподъёмные чувалы с мукой, согнувшись во все возможные погибели, нёс - да что там нёс, - пёр их на хлебопекарню, это 10 километров от мельницы. А вокруг каркали грязно-чёрные вороны, каркали, не задумываясь о войне, сметающей всё со своего пути где-то не очень уж и далеко от Аркуля, за Волгой. Каркали, накаркивая новые беды всей стране и ему заодно, предрекая, что уж кем-кем, а врачом Самуилу точно не быть. Может, кому другому, да и точно - кому угодно другому, только не Самуилу.

Ну и что, накаркали? После войны учился в ФЗО на слесаря, жил в общежитии. Раз в неделю навещал родителей - ездил к ним на трамвае на другой конец бескрайнего Харькова. Смотрел в окно полупустой или переполненной "пятёрки" на заснеженные, покрытые яблоневыми лепестками, уставшие от жары, засыпанные жёлтыми листьями, заснеженные Бассейную, Чернышевскую, Пушкинскую, проспект Сталина, Балашовку, шёл от "пятёрки" на Доброхотова и обратно, - и думал, думал, думал, что всё равно буду врачом, как бы здорово ни было быть слесарем, да ещё и 4 разряда. Сказал себе - буду, значит - всё равно буду. Да и разве самому себе сказал?

Недобрав одного балла из-за какой-то непонятно кому нужной химии, полгода проучился в мединституте вольнослушателем. Конечно, если бы не Михаил Петрович Драгончук, проректор мединститута, даже и вольнослушателем не допустили бы. Но, с другой стороны, если бы не Самуил, то и допускать было бы некого и незачем.

По ночам спал на преподавательском столе, отдавливая заострившиеся за годы войны, прохудившиеся, как потом говорили Клара, бока. Мылся ледяной водой в туалете рано утром, пока не пришли не то что студенты и преподаватели, а и уборщицы ещё не было.

Через полгода, когда какого-то маменькина сынка или маменькину дочку - это им-то предстояло бы лечить людей?! - выгнали за "хвосты", меня перевели в нормальные студенты.

И вот он теперь - врач. А впереди - Бог знает сколько всего и чего! Даже до окончания комсомольского возраста - целый бесконечный год.

Собственно говоря, врачом он был, уже когда они с Гришкой форсировали Луганку, даже раньше. И никакие вороны и маменькины детки помешать ему не могли.

То, что не остановило его, останавливало многих других - наверно потому, что они не так сильно хотели. Или, по большому счёту, не хотели вовсе. Бывает, чего-то ужасно, умопомрачительно хочется, но проходит время - и как задумаешься: неужели этого и вправду хотелось? - и оказывается, что вовсе даже и не хотелось, казалось просто. Это - если не получилось, не достиг того, чего вроде бы хотел. А если получилось - думаешь: да, хотелось, но разве - этого? Разве вот этого - могло хотеться?

У Самуила сомнений не было - ни раньше, ни тем более сейчас, когда он не только хотел лечить всех вокруг - сидящих у окошек и толкающихся в проходах всех "пятёрок" и "аннушек", ждущих на остановках, снующих по харьковским улицам, толпящихся в харьковских магазинах, - не только хотел лечить их всех, а теперь и знал, как их вылечить.

А главное - ещё главнее желания и умения помочь, причём кому угодно, даже последнему идиоту или гаду, - главное - это Клара и Мишка. Без них желание, наверно, рано или поздно сошло бы на нет, а умение оказалось бы институтским, книжным, то есть бесполезным. Но они, назло всем воронам, довоенным, военным, послевоенным, ещё каким-то, - были. И значит - было всё остальное, без них не имевшее бы смысла.

Когда Михаил Петрович решился зачислить его вольнослушателем, Самуил пообещал проректору, что не подведёт. Слово он сдержал (чтобы Самуил не сдержал слова?) и стал врачом.

IV

Очередь подходила, из-за жары она была довольно длинной. Михаил Петрович расчувствовался, обнял Самуила и то ли удовлетворённо, то ли удивлённо сказал:

- Слушай, Сеня, это мне кажется или ты таки набрал сальца? Правда, в разумных пределах.

Самуил рассмеялся на верхнем уровне своего коронного ля второй или какой-то там ещё октавы, которое брал играючи, когда когда-то, сто лет назад, исполнял для млеющих приятельниц или беззлобно завидующих коллег-слесарей одну из многочисленных своих неаполитанских песен:
- Если бы не Клара, вы бы, Михаил Петрович, не имели счастья благословить меня на отъезд в Верхнее. Это она меня откормила и отпоила.
Михаил Петрович улыбнулся:
- Умница, дай бог ей здоровья. Какие у вас теперь планы?
- Їдемо разом на село. Будемо працювати у Верхньому, нам целый дом выделяют. Справжня сільська хата.
- Знаю, знаю. А ребёнок? Или оставляете на бабушку с дедушкой?
Самуил покачал головой:
- Тёща занята круглыми сутками, из командировок возвращается, только чтобы переночевать. Она у нас проектирует всякие теплостанции, я вам рассказывал. И Владимир Фёдорович тоже работает, только в командировки не ездит.
- А чем он занимается?
- Железными дорогами. Прекрасный человек, отменнейший. Чтобы ужиться с моей тёщей, приходится быть отличным человеком. Кстати, мне тут Кларонька рассказала, как французы называют тестя. Не знаете?
Михаил Петрович покачал головой.
- "Бон пер" они его называют, - сказал Самуил. - Я сначала подумал, "стар пер", французского-то, к сожалению, не знаю. Но наш тесть - совсем даже не "стар" и никакой не "пер".
Он снова рассмеялся, как будто допел неаполитанский куплет.
- Да нет, Михаил Петрович, поедем втроём, конечно. Бросить пацана, да ещё и на 3 года, - это в наши планы не входит. Буде він у нас сільським хлопцем. Чтобы это было самым большим горем в нашей жизни, как говорят моя мама и тёща.

- Мне один чистый, пожалуйста, - попросил Михаил Петрович. - А тебе, Сеня?
- С вишнёвым.
Выпили не спеша - бывают дни, когда спешить некуда. Иногда - к сожалению, чаще - к счастью. Привычно посмотрели на центральную аллею Сада Шевченко, на скамейки, на которых молодые и очень молодые женщины читали книжки ещё, слава Богу, не выросшим детям, а похожие на детей мужчины играли в шахматы.
- Тебе там непросто придётся, - заметил Михаил Петрович. - Перед тобой медпунктом в Верхнем заведовал какой-то пьянчуга, развалил всё. Как у него Верхнее поголовно не вымерло, ума не приложу. Не врач божьей милостью, а эскулап чёртовой немилостью. Так что не посрами.
- Не посрамлю, Михаил Петрович, - Самуил поставил стакан на лоток, поблагодарил продавщицу. - Даю слово. Да я его, собственно говоря, ещё 6 лет назад дал, когда вы меня принимали.
Михаил Петрович улыбнулся, тоже поставил пустой стакан.
- Как Клара?
Самуил помолчал, потом ответил:
- Сейчас уже порядок, вроде бы не переживает. Что поделаешь - жить-то надо... Институт закончила с красным дипломом.
- Кто бы сомневался! - сказал Михаил Петрович.
- Будем втроём трудиться в этом нашем Верхнем. Я буду лечить, Кларонька защищать, Мишка подрастать. А там посмотрим. Подивимось, як то кажуть.
- Где ты освоил українську мову? - одобрительно спросил Михаил Петрович.
- Так я ж, Михайле Петровичу, закінчив українську школу в Луганську. Ще й німецьку там вивчав. Если бы пришлось лечить немца, уверен, понял бы, где у него что болит, на ноги бы поставил как миленького, сволочь такую.
- Да, если это у него лечится, - усмехнулся Михаил Петрович. - А кем Клара будет работать в вашем Верхнем?

- Адвокатом, как хотела. Она, правда, и переводчиком мечтала быть, и филологом... Но получилось, видите, только адвокатом.

Самуил снова рассмеялся.

- Думаю, обнял его за плечи Михаил Петрович, - совсем даже не "только". Адвокатом она, уверен, будет отличным, профессиональным, ну, а остальное, дай бог, за неё когда-нибудь Мишка наверстает. А профессионал, Сеня, это настоящий любитель, в отличие от любителя ненастоящего, непрофессионала. Вы оба - настоящие любители.

Случайная тучка приплыла из-за Госпрома, подмигнула и утвердительно брызнула тёплым, безобидным дождём.

V

- Хорошо у тебя, папка! - сказала Клара, усаживаясь на любимом диване. Впрочем, других диванов у Зиновия не было. - Почти как у нас. А где Берта?

- У неё сегодня рабочий день, так что я на хозяйстве, - ответил Зиновий. - Могу пообщаться с единственной дочкой, сказать что-нибудь умное, напутственное. А то ведь когда придёте официально, всем святым семейством, будет не до напутствий, вся душевная энергия уйдёт на Мишку.

- Эта энергия не уходит, - улыбнулась Клара. - Вернее, чем больше её уходит, тем больше прибавляется.

Зиновий, кивнул, потом спросил:

- Слушай, ну как вы решили насчёт садика? Есть там садик? И вообще...

Клара покачала головой - то ли беззаботно, то ли всё-таки немного озабоченно:

- По хозяйству и с Митуликом нам будет Надя Писаревская помогать. Это местная девушка, нам дали её адрес, мы уже с ней списались. Будем у неё жить, она будет готовить, за Митусей присматривать.

С пластинки Бернес пел "Тёмную ночь", а в комнате на углу Маяковской и Сумской было светло и уютно. Клара посмотрела на пластинку, вздохнула.

— Это песни усталых мужчин, а не избыточно бодрых перемерков, — заметил Зиновий. — Раз умный человек говорит, что с тобой ничего плохого не случится, значит, ему можно и нужно верить.

— Согласна, — прогнала сомнения Клара. — Хуже преуменьшения предстоящих трудностей — только их преувеличение.

— Вот, это слова моей дочери, а не выпускницы пансиона благородных девиц!

Клара рассмеялась.

— Значит, я недостаточно благородна? Или уже не дотягиваю до девицы — точнее говоря, перетягиваю? Скажи прямо, папка, эквивокичание тут не годится!

Зиновий поцеловал её в густые чёрные волосы, как будто тщательно завитые, а в действительности — почти с самого рождения волнистые. Не кучерявые — так было бы всё-таки не слишком красиво, — а в меру волнистые. Впрочем, как у Клары может быть что-то в меру?

— Значит, будешь защищать невинных? — с улыбкой спросил Зиновий.

Клара поцеловала отца и не задумываясь — она ведь уже достаточно задумывалась об этом на лекциях профессора Фукса — ответила:

— И виновных тоже. Audiatur et altera pars — то есть да буду выслушана я. Я, папка, и есть эта самая другая сторона, и я хочу, чтобы меня слушали и слушались. А без меня так никогда и не разберутся, кто виновен: "народ, что богом камень числил, иль дивной статуи палач".

Зиновий сел в кресло, послушно и с удовольствием слушая дочь.

— Можно, конечно, казнить всех без разбору, на лобном месте. Но для этого нужна группа убийц, причём не плохих, как те, кого они убивают, а "хороших", чтобы они убивали только плохих. Ну, а мы с тобой будем доверять убийцам, будучи уверенными в том, что они всегда правы и убивают только плохих. Начальство же имеет тонкие виды, как говорят Гоголь и Владимир Фёдорович. Начальству виднее.

Зиновий пожалел, что бросил курить. Вынул пару монпансьешек из цветной жестяной коробки, которую

Клара принесла ему в подарок от Владимира Фёдоровича, пососал их, подумал, потом разгрыз и съел. Наверно, это красивая жестяная коробочка придавала маленьким разноцветным леденцам особый вкус. Даже курить расхотелось, так было вкусно.

- Начальству, - задумчиво сказал Зиновий, стараясь не обрушивать на Клару всё, что когда-нибудь всё равно обрушится, - несмотря на все его тонкие виды, всегда чего-нибудь не видно и всегда чего-то не хватает. Одному - пастбищ для несметных скакунов, другому ларцов для несметных сокровищ, третьему - просто тесно, жить негде бедняге. Ну, и не жил бы, зачем же свои проблемы решать за чужой счёт?

Клара усмехнулась:
- Наверно, у него нет своего счёта, вот и приходится пользоваться чужим.

Помолчали.
- А это Верхнее, - спросил Зиновий, - что это за населённый пункт? Если глухая деревня, то зачем там адвокат?

Клара утвердительно покачала головой.
- Верхнее, папка, хоть и деревня, но только глуховатая, а не совсем глухая. Во всяком случае, я стараюсь на это надеяться, а Сеня мне в этом помогает. Всё, что ни делается, к лучшему.
- А что **не** делается, дочка?
- Чтобы понять, нужно сначала сделать. Ну, а что сделано, то сделано, - продолжала Клара. - Райцентр, посёлок городского, заметь, а не совсем уж деревенского типа. А я буду адвокатом районной прокуратуры.

Лицо Зиновия выразило лёгкую гордость за дочь и частично за себя.
- Это совсем другое дело, - заметил он. - А персоналии тебе уже известны? Я имею в виду не защищаемых, а начальство.
- Я выяснила (чтобы Клара не выяснила?): мой начальник - адвокат района, его зовут Никифор Фёдорович. А вот фамилию, папка, боюсь произнести.
- Что так?

15

- Вывести родного отца из равновесия - не только безжалостно, но и слишком легко, а вот ввести обратно - неизмеримо сложнее. Надеюсь только на твою фронтовую закалку.

Зиновий выковырял из коробки красную монпансьешку, потом, наверно, чтобы унять волнение - ещё и жёлтую.

- А именно?
- Зря ты настаивал, - вздохнула Клара. - Ну, ладно. Гнида его фамилия. Только не "Гнида" à la russe, а исконная полтавская. Гнида.

Она произнесла это "г" по-украински - как звонкое "х".

Зиновий отколупнул третью, зелёную.

- Мало ли что, - возразил он, успокаивая и Клару, и, кажется, себя тоже. - Фамилия сама по себе ничего не значит. Я вот - Стольберг, ну и что во мне от стальной горы? Ты теперь - Блехман, а на жестянщицу совсем не похожа. Или возьми династию Романовых. Одна и та же фамилия, у некоторых даже имена одинаковые, а если вдуматься, люди все - совершенно разные, даже ничего, можно сказать, общего, особенно между такими, как, например, Александр II и такой же второй, но Николашка.

Клара посмотрела на него то ли с сомнением, то ли с надеждой.

- Ты мне всё-таки так и не ответила, - Зиновий перевёл разговор на другую тему, более предметную, - тебе никогда не хотелось стать не адвокатом, а прокурором?

- Иногда хочется, - ответила Клара, почти не задумываясь. - Такое, бывает, берёт зло на всякую сявоту. Развелось её... До войны всё-таки их столько не было... А теперь, боюсь, как бы не наступила сявотская эра.

- Это у тебя возрастное, дочка! - рассмеялся Зиновий. - Раньше было лучше, сейчас стало хуже, а будет совсем ужасно - когда состаришься. Или вовсе никак не будет.

- Папка, ну ты же мня знаешь. Мне всегда хорошо. Но сявок раньше столько не было. Особенно сейчас их может развестись, как никогда.

- Ну, сявки да раклы - это явление вечное, - усмехнувшись, кивнул Зиновий. - Ты просто не сразу начала их замечать. До войны-то тебе было - всего ничего... Правда, сейчас и вправду многое изменится, но сявкам вольготнее, думаю, не будет. Ну, разве что чуть-чуть.

Он снова рассмеялся. Клара подумала, тоже кивнула и продолжила, совсем не грустно, несмотря на невесёлость темы:

- Уже стало, папка, и не чуть-чуть. Обсявили всё вокруг. Посмотришь на человека: всё же есть у него, ну чего ему ещё нужно? Чего он казится? Ну был бы какой-то несчастный, голодный, ещё какой-то, а то ведь сколько сытых сявок - уму непостижимо! Бытие же должно определять сознание, а оно ведёт себя непредсказуемо, как перезрелая девица.

- Ну вот, а ты собираешься их защищать?

Клара снова недолго подумала.

- Если не будет altera pars, значит, сявки победили.

- Сявки no pasaran! - весело поднял сжатый кулак Зиновий. Другая рука в кулак не сжималась: три пальца оторвало под Сталинградом, вместе с куском рукоятки кинжала, когда они шли - вернее, бежали, мороз был жуткий, в рукопашную и он сцепился с невероятно сильным фрицем.

- Наверно, - Клара вздохнула, - есть категория людей, которым предначертано быть сявками. Как некоторым - холопьями, сколько ни отменяй холопство. И сколько потом ни стреляй в тех, кто его отменил.

- Да и кто такой сявка? - пожал плечами Зиновий. - Тот же самый холоп, только сытый и непоротый... Но проблем вокруг и без этого хватает, доченька. Сявки - не самая большая из них, ты же знаешь...

Клара покачала головой:

- Это, папка, всё из одной оперы, всё - звенья одной и той же цепи. Маленький сявка - маленькие проблемы, большой - большие.

Он вздохнул: ещё какие!... Поставил другую пластинку, Шульженко.

— Молодец землячка! — похвалил Зиновий. — Сколько времени ни пройдёт, никакой прогресс не заменит искусство.

Клара задумалась на дольше. Посмотрела в окно, мимо их окна как раз проезжала "четвёрка", аккуратно держась штангами за электрические провода. Тёмно-коричневая кожа сидений уютно пахнет, только сейчас временно не для Клары, а для немногочисленных пассажиров: в субботу утром в троллейбусе народу немного.

— Знаешь, папка, я думаю, — проговорила она наконец, — что прогресс и цивилизация совсем не одно и то же. Скорее это — противоположности. Чем больше прогресса, тем в конце концов меньше цивилизации... Искусство — это часть цивилизации, как и Римское право. Или как "Война и мир".

Зиновий помолчал прежде чем ответить:
— Прогресс, если его довести до абсурда, превратит искусство в самодеятельность. Сделает его хорошим для всех, на все вкусы, как пирожки с ливером.
— Вот именно! — согласилась Клара. — А разве может культура быть массовой? Массовым может быть только бескультурье... Не дай бог настанут времена, когда "Война и мир" станет нравиться всем. Всем — значит никому.
— Или твой любимый Бенедиктов, — добавил Зиновий.

Клара рассмеялась:
— Если сявки скажут, что им нравится Толстой или Бенедиктов, я и того и другого разлюблю в знак протеста.
— А если они обманут? Стоит ли доверять сявкам?
— Ну что ты, папка! — весело воскликнула Клара. — У меня нет такого места, до которого мне были бы сявки вместе с их мнением. Моё мнение для меня намного важнее. А самодеятельность — как была, так и будет, никуда не денется.
— Вот именно, — сказал Зиновий. — У искусства и халтуры — только одно общее: они вечны. Ты заметила, конечно: чушь постоянно проявляет твёрдый характер, мягкий знак ей в этом не помеха.

И он пошёл на кухню разогреть сваренный Бертой рассольник.

VI

"Сильнее всего хочется думать о том, о чём думать не хочется сильнее всего", - не переставал думать Владимир Фёдорович.

"Тройка" дотарахтела от Управления Южной железной дороги до Павловской площади. Виноват, "Розы Люксембург". Он вышел, а трамвай потарахтел себе дальше. Владимир Фёдорович вынул из светло-коричневого деревянного портсигара "Казбек", закурил, не опасаясь, что Мария увидит и рассердится, и не торопясь пошёл домой - через Николаевскую площадь, по Сумской. Ах да, "Тевелева", как же я забыл, что они её тоже переименовали.

Впрочем, Мария сейчас и не заметила бы, даже если бы увидела, что он курит...

"Клара права, - думал он не о самом главном, стараясь о главном как-нибудь не думать. - Зачем называть улицы именами людей? Всё равно ведь рано или поздно придётся переименовывать. Вместо "Розы" назвали бы, что ли, Розовой. А "Люксембург" - это что такое? Почему не Лихтенштейн или Монако?"

Но главное-то было совсем не это.

И не то, что вроде бы совсем недавно он водил Клару в зоопарк, вон там, дальше, в Саду Шевченко, а сейчас она уже права...

Не это, конечно. Думать хотелось совсем о другом - о том, о чём думать совсем не хотелось.

Он для этого и вышел из Управления раньше - чтобы постараться не думать. Или придумать что-нибудь.

Хотя что же тут придумаешь?

Как отвлечь Марию, он ума приложить не мог.

В сотый раз промямлить какую-нибудь ерунду вроде того, что три года - это всего ничего? Три года назад Миши ещё не было. Владимиру Фёдоровичу было всего лишь 47, через три - будет уже 53. Их, этих по три, не так уж, если подумать, и много...

Остаётся только - постараться не думать, но о главном хочется думать именно потому, что думать о главном больше всего не хочется. Даже если палец поцарапаешь до крови - как назло будешь браться им за что попало, сколько ни старайся уберечься.

Хотя и это ведь сейчас не главное...

Главное - как отвлечь Марию? Самому тоже нужно как-нибудь отвлечься, - но разве это не одно и то же?

Он с Кларой не успел нагуляться - думал, нагуляется с Мишей. А Мише-то - всего лишь полтора не года даже, а годика, ну, чуть больше, но всё равно, пока только годика.

Вечером, укладывая Мишу спать, Мария или Клара ложатся рядом с ним и тихонько поют его и свою любимую колыбельную песню:

   Спят медведи и слоны,
   Дяди спят и тёти.

Самуил пожимает плечами: "Зачем баловать парня? Захочет - сам заснёт". А они поют себе и поют:

   Все давно спать должны,
   Но не работе.

Миша старается не заснуть, открыть глаза пошире, но они у него хочешь не хочешь закрываются, и он засыпает.

Его или свою? Это пока одно и то же...

"Интересно, что бы они пели, если бы "Цирка" не было?" - улыбнулся Владимир Фёдорович, закуривая новую папиросу. - "Какие ещё есть убаюкивающие песни? Может, других и нет вовсе?.. Цирк да и только".

Другие песни сейчас в голову не приходили. Вообще ничего не приходило, никаких нормальных слов, кроме всяких "Верхняя Касриловка", "Верхнедуриловка" и тому подобного. Всех этих "верхних" было пруд пруди, а вот как помочь Марии пережить три года, а главное - ближайшие три дня, он не знал. Думал, думал, и всё равно ничего не получалось.

Всё, что мог, Владимир Фёдорович делал. Но что он мог? Особенно если они решат остаться там на дольше?

VII

Самуил и Владимир Фёдорович трудились в их и без того большой комнате, которой теперь, к сожалению, предстояло увеличиться. Мария Исааковна с Кларой были на кухне.

- Были сборы недолги,
От Кубани до Волги
Мы коней собирали в поход, -

пропел Самуил, заканчивая перевязывать очередную пачку книг. Самые тяжёлые из них - справочник лечащего врача и речи выдающихся русских адвокатов. Владимир Фёдорович тем временем паковал Мишины вещи, их получилось больше всего.
- Ваша верхняя Кацапетовка подождёт, никуда не денется, - уверенно сказал Владимир Фёдорович. - Спешить некуда, главное - ничего не забыть. Всё-таки не в нижнее какое-нибудь собираетесь, а в верхнее. Статус обязывает.
- Согласен, Владимир Фёдорович, дорогой. Моя мама говорит: всё должно быть как следует быть.
- Как они поживают? Балашовка на месте?
- Спасибо, всё в порядке. В Балашовке у меня сомнений нет ни малейших. Папа работает на велозаводе маляром, Ида - на мыловаренной фабрике, мама дома. Майя уже в пятом классе.
- Не переживают, что надолго уезжаете?
Самуил не сразу ответил - возможно, потому, что принялся за новую пачку, с детскими книжками:
- Думаю, переживают...
И добавил весело:
- Три года - это не так уж много, уверяю вас. Как-нибудь и в отпуск в Харьков постараемся выбраться.

"Примерно столько, сколько в эвакуации, - молча возразил Владимир Фёдорович. - Три года назад ещё и Миши не было..."
- Может, собаку имеет смысл завести? - спросил он, чтобы не возражать вслух. - Деревня есть деревня, ну её к аллаху. Хоть и верхняя. Вам бы собака в вашем хозяйстве не помешала. А то вся надежда - на вашу Надю, как я понимаю.
Самуил воскликнул брезгливо:
- Собака в доме?
И тут же добавил:
- Да хоть и во дворе. Я сам буду служить, только бы не воняло псиной.
Миша оторвался от игры и со вкусом повторил новое слово несколько раз, делая ударение на "с":
- Псиной! Псиной! Псиной! Псиной!
"Какие вы, Антоша, слова произносите!" - наверняка сказала бы Клара, но она и Мария Исааковна были на коммунальной кухне.

VIII

На майские праздники Миша здорово напугал маму и даже Владимира Фёдоровича, которого вообще-то никогда не пугал - чем он мог напугать Владимира Фёдоровича? Клара пришла, кажется, из библиотеки, Мария Исааковна встретила её более обеспокоенной, чем обычно.
- Клара, ребёнок что-то просит, я ничего не понимаю.
- Мама, - удивилась Клара, - Митуся уже хорошо говорит. Как можно его не понять?
- Ну, так сама спроси у него. Бедный ребёнок, даже я уже выбилась из сил, а ему каково?
Клара взяла Мишу на руки.
- Митулик, чего ты хочешь? Скажи маме, не держи в тайне.
Миша был зарёван и изнурён.
- Абликоти тутоние... - заикаясь, произнёс он и снова заплакал.

— Чему вы его с Самуилом научили? — улыбнулся Владимир Фёдорович. — Таких слов не бывает.
— Петкевич! — перебила его Мария Исааковна. — Ну вот чему ты улыбаешься?
Владимир Фёдорович пожал плечами:
— Так что ж, мне тоже плакать? Давай заплачем хором, Мишутка.
Клара встревожилась.
— Митуся, — ласково спросила она, ставя сына на пол, — скажи как следует, ты же умеешь.
Миша попробовал не заикаться и повторил:
— Абликоти тутоние.
— Второй час бьёмся, — вздохнула Мария Исааковна. — Я уже просто не знаю...
Миша снова зарыдал.
— Ну Митутка хоцет, — пробивалось сквозь слёзы. — Ну Митутка плёсит!.. Абликоти тутоние!..
Клара скорее озадаченно, чем строго посмотрела на Мишу:
— Сынок, у нас в доме это есть? Ты можешь показать?
Миша схватил её за руку и потащил на коммунальную кухню.
Мария Исааковна и Владимир Фёдорович, конечно, поспешили за ними.
— Тут! — показал Миша на кухонный шкафчик.
Клара открыла дверцу шкафчика, достала банку с сухофруктами — и принялась хохотать.
Так хохотать умела только Клара. Она заходилась в хохоте, багровела, у неё из глаз лились слёзы, и окружающие в подобных случаях думали, что лучше бы она рыдала. Так она хохотала нечасто, последний раз — в десятом классе, когда ей попытался объясниться в любви Марик Штейнберг, дай бог ему здоровья.
— Клара, сейчас же возьми себя в руки! — приказала Мария Исааковна. — Что ты себе позволяешь?
Взять в руки себя оказалось непросто. Зато Клара взяла на руки ставшего при виде банки счастливым Мишу, вынула пару сушёных абрикос и дала сыну.

- Петкевич, это ты научил ребёнка? - облегчённо улыбаясь, спросила Мария Исааковна.
Владимир Фёдорович тоже рассмеялся:
- На ценнике было написано "Абрикосы сушёные". Я и не думал, что он запомнит. Что за ребёнок, честное слово!

IX

На кухню заглянула Фира Марковна.
- Готовитесь к отъезду? Оптимистично пахнет у вас тут, девочки, как будто не расстаётесь, а наоборот.
- Оптимистическая трагедия, - сказала Клара.
- На то они и цыплята в табаке, чтобы так пахнуть, - пожала плечами Мария Исааковна.
- Табачком разживаетесь у Владимира Фёдоровича?
Кларе казалось, что цыплята брызжут со сковородки обжигающим задором и оптимизмом.
- Петкевич не курит, - строго ответила Мария Исааковна.
Клара незаметно для неё улыбнулась Фире Марковне, и та, чтобы не расхохотаться (Петкевич не курит!), ушла в свою комнату, к Даниилу Саввичу и Рите, играющей с зашедшим в гости Мишей.
- Мама, - сказала Клара, почти уже не улыбаясь, - скажи-ка мне что-нибудь напутственное. Уезжать на три года без материнского напутствия - не в нашем духе.
Мария Исааковна ответила не сразу.
- Это твой первый отъезд... Так что о духе говорить пока не приходится. Но раз ты просишь... Хорошо, что просишь.
Клара и сама знала, что хорошо, потому и просила...
Впрочем, всё равно попросила бы.
Мария Исааковна оставила булькающих цыплят в покое, подошла к открытому кухонному окну, посмотрела на уходящую от неё в оба конца Сумскую. Пока Клара жила здесь, это было не так заметно. Когда родился Миша - практически незаметно.

А теперь... А теперь - Сумская уходила от неё, уплывала всеми своими шелестящими по мостовой четвёртыми марками, всеми своими "Победами", "Москвичами", "Зилами"... Зданиями - ополчившимися от парка Горького, мимо их 82 дома, мимо детского садика, Обкома, площади Дзержинского, Дворца пионеров... У неё в одном из их альбомов - маленькая Клара, ей тогда было пять лет, сидит на коленях у Постышева, во Дворце пионеров... Мимо Стеклянной струи, дома Саламандры, мимо площади Тевелева... И в другую сторону - мимо Бассейной, Каразинской, Маяковской...

Все и всё - мимо неё.

Клара прикрутила огонь, подошла к Марии Исааковне. Выглянула в окно. Солнце заставило моргнуть - и Сумская, кажется, подмигнула в ответ. И соринка попала в глаз у кого-то из них.

- Твою бабушку звали так же, как тебя, Кларой, я тебе о ней рассказывала, - сказала Мария Исааковна. - Ты с ней никогда не виделась, она умерла в Речице, когда ты ещё не родилась... А ты родилась в Харькове.

Клара кивнула - ей ли не знать, только об этом никто, кроме них, даже не догадывался. Они с Кларой знали друг о друге всё, - пока у Клары и Самуила не родился Миша. А у Клары и Исаака Крупецких в Речице - Мэри. Миша пока - только Миша, а Мэри - давно Мария Исааковна.

- Твоя бабушка Клара рассказала мне притчу... Ты же знаешь, мы ничего не говорим прямо, у нас принято изъясняться притчами... Вычитала её в какой-то старой книге, то ли у Бульбера, то ли у Бубера, кажется.

Она снова посмотрела на Сумскую - та, кажется, немного замедлила бег... Но - только замедлила.

Мария Исааковна помолчала и продолжила:

- Я точно не помню, но примерно так. Один человек решил разбогатеть и для этого отыскать клад. Услышал во сне голос, вскочил с кровати. Всех оставил и отправился на поиски. Шёл он, шёл, целых три года шёл. Потерял все силы, подорвал здоровье, порвал одежду, а клада нет нигде, и где его искать - одному Богу известно... Лёг однажды спать под деревом - холодный, голодный, несчастный, - и вдруг слышит во сне голос:

"Шлемазл, вот ты кто. Клад у тебя был под рукой, а ты целых три года ищешь его, дурень. Нет чтобы не вскакивать, как ошпаренный, а спокойно встать с кровати и поискать как следует. Шлепер".

"Веизмир! И он ещё называет меня шлемазлом! Что ж ты раньше молчал?" - воскликнул человек во сне.

"Агицн паровоз! А ты бы раньше ко мне прислушался?" - ответил голос вопросом на вопрос, тоже в нашем духе.

Клара подумала, что вопрос важнее ответа. По крайней мере - интереснее, да и ответить бывает намного проще, чем спросить, а простота, как известно, хуже воровства.

- Человек проснулся, продолжала Мария Исааковна, - и побрёл домой. Брёл, брёл, насилу добрёл до своего дома. Лёг на кровать, опустил руку - клад ведь должен быть где-то под ней, как ему голос указал. Нет клада. Залез под кровать, принялся искать там. Жена ему помогала, дочка, внук. Искали, искали, в каждый уголок заглянули, всю пыль вытерли...

"Неужели подвёл? - покачал головой человек. - А ещё называется "внутренний голос"!

Мария Исааковна замолчала, посмотрела на прислушивающуюся Сумскую. Та перестала убегать, но только прервись на минутку - снова припустит со всех ног, колёс, тротуаров...

- И нашли? - спросила Клара.

На этот раз ответить оказалось труднее, чем спросить.

Мария Исааковна, хоть и не очень весело, но всё же улыбнулась, потом вздохнула:

- Узнаешь, когда вернёшься. Будет стимул вернуться хотя бы через три года.

Клара хотела ответить, что стимул у неё есть в любом случае: куда она без Харькова? Да и Харьков без неё - разве это Харьков?..

Не ответила, промолчала...

Цыплята домлели, их можно было нести на стол. И рассольник уже настоялся - Клара сварила его ещё вчера вечером.

X

На дорожку посидели, но, как и предполагала Клара, не очень активно.
- Если долго сидеть, рискуешь поседеть, - энергично встал со стула Самуил. Взял два больших чемодана, подмигнул Мише, и вышёл в коридор. Пипе, Стрелкиной, Волковой было безумно интересно посмотреть ("Развлечение года" - заметила Клара), они вышли из своих комнат и принялись рассматривать уезжающих, словно видели их впервые. Или как будто раньше никто никуда не уезжал.
- Вспоминайте о нас иногда! - улыбнулась Кларе Фира Марковна.
- Вспоминать не будем,- ответила Клара, - потому что не забудем.
Потом добавила:
- Присмотрите за мамой, чтобы она не скучала... Впрочем, мама сама за кем угодно присмотрит, да с ней и не соскучишься.
Мария Исааковна не ответила - аксиомы не обсуждаются.
Даниил Саввич пошёл с ними к лифту, помогая нести третий чемодан, весом почти как те два, которые нёс Самуил.
Рита обняла своего лучшего друга, повела его к лифту.
- Пиши, когда научишься, Мишка! - сказала она и чмокнула закадычного товарища в щёку.
Клара рассмеялась:
- Вот и хорошо. Теперь у нас есть повод и поскорее вернуться (она постаралась не взглянуть мельком на Марию Исааковну), и научить Митуську грамоте. Не можем же мы положиться на одну Надю!
Такси вызвали большое, ЗиМ, чтобы поместились все четверо взрослых плюс Миша и все 5 мест. Машина

ждала их на противоположной стороне Сумской - такая огромная и представительная, что вся городская адвокатура позавидовала бы, не говоря уже о районной. Внутри было мягко, удобно - так бы ехала и ехала до самого Верхнего.

Дорога к Южному вокзалу - та же, что тогда, до Мишиного рождения, когда они с Самуилом ездили в Крым. Сначала - Сумская, потом - площадь Тевелева, площадь Розы Люксембург, потом улица Свердлова и - вокзал.

То, что хорошо знакомо, рассматривать интереснее всего. Знакомое не подведёт, оно надёжно. А новому понадобится немало времени, чтобы стать знакомым.

Проехали детский садик, в него Миша пойдёт, когда они вернутся в Харьков.

Обком, Гипрококс.

Стеклянная струя - она же Зеркальная. Самуил - вот он тоже улыбается, вспомнил, как он всё не мог понять, куда деваются прекрасные белые и загадочные чёрные лебеди, когда пруд замерзает: их маленькие домики остаются, а лебеди - то ли улетают, то ли их увозят куда-то до весны.

Справа осталась площадь Дзержинского, на которой - вроде бы совсем недавно - праздновали Победу. Когда на небо высыпают звёзды - как всегда неожиданно после долгого дня - среди них по-прежнему заметны разноцветные звёздочки, оставшиеся с того майского вечера. Ей, во всяком случае, они заметны. И Самуилу, конечно. Теперь и Миша будет их замечать.

Солнце привычно - за бесконечное множество вечеров невозможно не привыкнуть - сдавало позиции. Фонари начинали рыжеть, напоминая Мишины веснушки, только во много раз увеличенные. Харьков вышел на свою Сумскую, словно гоголевский Петербург - на Невский проспект. Здесь, кажется, был весь город, хотя днём или зимой не скажешь, что в Харькове столько народу. Кажется, людей по-настоящему много только в коммунальной квартире. И в пятой марке, которой Самуил добирался до Доброхотова и обратно...

Дворец пионеров. Где-то у нас была фотография с Постышевым. Жаль, куда-то задевалась...

Сад Шевченко, там они давным-давно сидели с Самуилом, под старым-престарым дубом, а вон по той аллее шли как-то на концерт Вертинского, и когда слушали, ей казалось, что они плывут на старинном парусном корабле в неведомые страны, а ещё более старинная морская пристань ухитрилась расположиться на обезвоженной, засушенной, как таранка, Клочковской, где даже трамваи поднимают пыль... А это почти непридуманное море - то ли движется, то ли нет... Где ещё есть такие вечера, как в Харькове?

Когда они вернутся, ответ придёт обязательно. Когда уезжаешь из Харькова, остаются одни только вопросы, колючие, как шерстяной свитер, надетый на голое тело.

Самуил вовремя повернулся к ним с Мишей, подмигнул ей. Клара улыбнулась в ответ. Миша ничего не видел, иначе, разумеется, тоже подмигнул бы.

Не такой он и рыжий, разве что веснушки.

"Не в мать, не в отца, а в заезжего молодца".

"Посмотрел бы я на этого молодца, если бы он, не дай ему бог, существовал на самом деле".

Дом Саламандры, театр Шевченко, Театральная площадь.

Площадь Тевелева, на ней - царской красоты здания архитектора Бекетова.

Мария Исааковна без большого интереса смотрела вперёд, заранее зная, что там увидит. Клара тоже знала, поэтому смотрела с интересом.

Зачем прыгать под самые колёса?

Зачем вообще куда-то спешить харьковским вечером? Разве есть на свете что-нибудь, похожее на харьковские вечера?..

"Но ты уезжаешь куда-то в Верхнее..."

Прощально звякнул очередной трамвай. В той стороне, за спиной - великолепная, знающая себе цену Пушкинская. Напоминающая их классную руководительницу, давным-давно они звали её Девица как Роза. По Пушкинской неутомимо, но неназойливо звенят трамваи, неспешно везущие кого-то в парк Горького, кого-то обратно, в центр... И звякают, звякают на прощание, как будто три года - это триста лет, как династии Романовых.

Хотя, если вдуматься, это ведь не намного меньше...

Да и меньше ли?...

Из машины Харьков чуть-чуть не такой, как из пахнущего кожей троллейбуса, и совсем не такой, как когда по нему гуляешь, а мимо тебя проехало такси, из которого уезжающие из Харькова люди смотрят на улетевшую Сумскую.

Как к нему привыкнуть?

Как на время отвыкнуть от него?

Три года без Харькова. Это ещё дольше, чем в эвакуации...

Тогда закончился её Пушкинский въезд...

Зато началась Сумская.

Неужели теперь настало время закончиться Сумской?..

ЗиМ промчался по Свердлова, свернул на Привокзальную площадь, подвёз их к огромному, совсем недавно отреставрированному Южному вокзалу - ещё года не прошло, как его заново открыли, словно и не было войны.

Кларе пришлось разбудить Мишу - совсем осоловел наш соловушка. Самуил напутственно шлёпнул сына по мягкому месту, и они все вместе - Миша и четверо взрослых, нёсших пять мест, отправились на платформу.

XI

- Предъявляем билетики!

Самуил предъявил, Клара взяла Мишу на руки:

- Пойдём, Митуська. Устроимся, потом попрощаемся.

- Я - Витя, - сказал Миша, глядя не на Клару, а куда-то в вагон.

- Так вот как звали заезжего молодца! - воскликнул Самуил и принялся забрасывать все их пять мест на высокую верхнюю ступеньку. - Ладно, переживём. Витёк нам не помеха. С Исааком, как предлагала Мария Исааковна, пришлось бы труднее.

Насчёт Исаака он сказал тихо, да и поезд звонко клацнул, так что Мария Исааковна не услышала. Она оставалась в Харькове, и Владимир Фёдорович, и папа. А поезд, о Харькове ничего не знающий, просто выполняющий свою обычную работу, собирался увезти их троих на три года. Увезти из города, из которого, казалось, надолго уехать нельзя. Что может быть бессмысленнее, чем уехать не откуда-нибудь, а - из Харькова?

И вот надо же...

- Провожающие, просьба покинуть вагон! Отправляемся.

- Мама, у меня большой стимул вернуться, - сказала Клара, чтобы последнее слово осталось не за проводницей.

Обнялись так, как все всегда обнимаются, расставаясь на три года, то есть сказали необходимые банальности вместо того, что хочется.

Почему-то сначала не хватает духу сказать, а потом всё как-то не получается. Проходит время, и вспоминаешь: сказала или нет? И успокаиваешь себя: да сказала, конечно. Конечно, сказала.

Только намного позже понимаешь, что нет. Конечно, нет.

Мария Исааковна и Владимир Фёдорович ехали домой и молчали. Трамвай молчал вместе с ними, только осторожно позвякивал время от времени. Потом беззвучно молчал троллейбус. И Сумская, отвернувшись, искала, кому бы подмигнуть своими бесчисленными фонарями, окнами, витринами. И находила.

Как сказал бы Владимир Фёдорович: "Ну что ж теперь, плакать, что ли?". Да он и говорил, сам себя не слушая и не слыша. А уж Мария Исааковна и подавно его не слышала.

XII

Харьков - неуклюжий, неловкий, незабываемый - отвернулся и остался за окном поезда...

Когда-то невероятно давно, ещё в сороковые годы, когда они с Самуилом ехали в Крым и поезд отправился с полуразрушенного в войну вокзала, Клара неслышно разговаривала с ни для кого не заметной, встречавшей и провожавшей её на каждом полустанке Кларой. Сейчас полустанки мелькали, как страницы интересной книжки, - глотались, не запоминаясь, и Клары там видно не было.

И Блехманов в купе было, как тогда, двое. Тогда это были её Самуил и знаменитый артист Александр Блехман, а сейчас - неизмеримо важнее и конструктивнее: ещё никем не ставший, ничем не прославившийся, но - их сын. "Надо же, два вершка, как говорит Самуил, от горшка, а уже отказывается быть Мишей. Самое красивое имя ему почему-то не нравится. И кто же такой этот загадочный Витя? Не уменьшительное от Исаака, это точно". Клара улыбнулась, вспоминая, как отбивалась от Марии Исааковны, требовавшей назвать ребёнка в честь прадедушки. Называемое в честь чего-то или кого-то рано или поздно переименуют. А тех, в чью честь назвали, обвинят в том, что это, оказывается, из-за них приходится переименовать. Так что пожалеем и тех, и других и останемся с обычным именем, не в честь и не ради.

Поезд не раздумывал над этими несущественными тонкостями и летел, словно хотел поскорее избавиться от надоевших пассажиров. Сделать дело - и куда-нибудь на покой.

Луна своей беспросветной огромностью распугала собравшиеся было разреветься тучи. Но практического толку от этой неестественной лунищи было немного, не то что от вокзальных и станционных фонарей, похожих друг на друга назойливой, бесцеремонной ослепительностью. Точь-в-точь многочисленные Кларины поклонники, до которых ей не было дела и до рождения Миши, и тем более сейчас.

А фонари всё мелькали и мелькали в такт вагонным колёсам, постукивающим по рельсам, словно нервные костяшки пальцев по учительскому столу. И норовили заглянуть за вагонную занавеску и разбудить её уснувшего наконец-то сына.

Поезд увозил их от Харькова, совсем не так, как тогда, в Крым. Чем дальше они уезжали, тем беспомощнее становился казавшийся раньше всесильным звук "г", теряющий свою, как оказалось, напускную твёрдость, и твёрдый знак уходил за компанию. Тем меньшей казались отсюда и без того небольшие Каразинская, Дзержинская, Гиршмана, Маяковская...

Почему то, чего долго ждёшь, тревожит, приближаясь?

Потому, что на самом деле ждала совсем другого? Или наоборот - потому, что ожидаемое сбудется и больше нечего будет ожидать?

А может быть, на самом деле потому, что всё теперь зависит только от тебя и теперь есть кому от тебя зависеть? Она неслышно вздохнула.

Самуил услышал, спрыгнул с верхней полки, поцеловал Клару и Мишу, поправил занавеску на окне, чтобы не бил свет от улетающих и всё равно остающихся фонарей.

Запрыгнул обратно. Поезд увозил его из Харькова, как когда-то из Ворошиловграда. За оконной занавеской раскинулось громадное украинское небо. Его мягкий, словно свежая мякушка, кусочек вплыл в купе, неназойливым хозяйским "г" уютно примостился под нёбом.

Гласные звуки смягчались, теплели, менялись на похожие, хотя и другие. По-комариному тонюсенькое "и", внешне не изменившись, по сути приблизилось к "ы", зато дало жизнь такому же тоненькому "і", а заодно и "ї". С виду безобидное "е" утратило безобидность, зазвучав вполне как бескомпромиссное "э". И, испугавшись собственной прыти, "е" создало себе копию - такое же по сути, но внешне совсем на неё не похожее "є".

Твёрдый знак, ни согласный, ни гласный, и вовсе потерял лицо: превратился в простую запятую, разве что - остаток былой гордости - приподнятую над остальными буквами.

А за вагонным окном, по совершенно чёрному, как не бывает ни в Харькове, ни в Ворошиловграде, небу, три секунды или три века назад проехал, возвращаясь с солёного крымского лимана, неунывающий мужик, чумаками их звали. Мужиком как-то неправильно называть, но ведь - мужик, конечно, кем же ещё ему быть. Хороший хозяин этот чумак, настоящий. Справжнiй господар. Ехал на крепкой телеге, лошадь тоже не подведёт, хотя путь далёкий и опасный, на каждого чумака вон сколько агрессивных сявок приходится. Подгонял коня чумак, спасаясь от сявоты, соль чуть-чуть рассыпал. А вот надо же - её на всех теперь хватает, и вся сохранилась с тех пор эта соль - нет, сiль, конечно. С кем хочешь съешь её хоть пуд.

Вон он, чумацкий путь. Чумацький шлях.

Ну что же в нём млечного?

XIII

Мария Исааковна посмотрела в окно своего кабинета. Пятые марки одна за другой везли и везли людей на работу. Переулок Короленко выглядел ещё чище, чем обычно, и, несмотря на возраст, ещё свежее. А может, как раз благодаря возрасту: новые улицы, как правило, совсем не свежи.

В какую рань ни приходи в Теплоэлектропроект, поливалка уже побывала здесь, навела порядок на уютной улочке, переходящей сверху в площадь Тевелева, а снизу - в проспект Сталина. Дальше, через дорогу, за плотным рядом магазинов - красавица библиотека Короленко, такая же роскошная Бекетовская, как здание кукольного театра на площади.

Бесчисленные машины - "вот развелось их, честное слово", говорит Володя - непрерывно сигналили вразнобой, как сигналят только рано утром. Кажется, что музыканты огромного оркестра настраивают свои инструменты и вот-вот начнут играть симфонию - но всё почему-то не начинают.

На кульмане должна была родиться новая теплоэлектростанция: Мария Исааковна была главным инженером проекта. А пока ватманский лист оставался таким же чистым, как переулок за окном. Почему-то он напомнил ей киноэкран перед началом сеанса, например, в Кларином любимом Первом Комсомольском, тут недалеко, на Сумской. Сейчас люди рассядутся, перестанут болтать, и перед "Весёлыми ребятами" - нет, "Весёлые ребята" она терпеть не может, - перед "Падением Берлина" начнётся хроникально-документальный фильм.

Титры пройдут быстро и незаметно, как лёгкая августовская простуда. Чихнёт, потом переведёт дух не в меру скорый поезд. Остановится непонятно где - прямо посреди поля.

Впрочем, нельзя сказать, что поезд остановился в чистом поле, - поле было далеко от станции, и останавливаться в нём поезду было бы ни к чему. Но если бы поле было всё же рядом, вполне можно было бы сказать, что поезд остановился в чистом поле. Поля, луга, и утренняя тишина - словно невидимая поливалка уже успела сделать своё дело. Пели птицы, заливались вовсю - вот, оказывается, почему луга называют заливными, согласен? Хотя петь сейчас не хотелось даже Самуилу, а когда такое случалось в последний раз?

- Да, это не рай... - внешне весело добавил он.
- Не торопись, - отозвалась Клара, прижимая к себе Мишу, настроенного оптимистичнее родителей. - Туда не принято торопиться.

Самуил кивнул:
- Тоже правильно. Туда мы ещё успеем - если примут.

Мария Исааковна улыбнулась вместе с ними.

Их встретила полуторка. Самуил, естественно, сразу познакомился с шофёром: того звали Микола. Шофёр помог забросить все пять мест в кузов, туда же залез Самуил. Клара взяла Мишу на руки и села рядом с шофёром. Микола запыхался и немного вспотел - от тяжёлых чемоданов и, главным образом, оттого, что рядом сидит невиданная женщина. Тільки в клубі в кіно таку бачив, та й та, як її, ну, та, що грає в "Кубанських козаках", їх там дві, не одна. Так і ті не такі красиві...

Ничего, ведёт грузовик уверенно, руки не дрожат. Понимает свою ответственность - начальство предупредило. Мария Исааковна перестала волноваться хотя бы по этому поводу.

- Псина! - сказал Миша неожиданно.
- Во дає дитина! - воскликнул Микола. - Та де ж тут собаки? Поле ж кругом! Де ж тут псина?

Клара, конечно, не ответила, просто поцеловала Мишу.

Солнце засучило рукава и принялось за дело. Кукурузное поле пожелтело от солнечного света. Дальше - похожие на пчёл жёлто-чёрные подсолнухи расправились, почти улыбнулись, потянувшись к солнцу, словно человек ранним утром потягивается после сна.

Украинское солнце хоть и жаркое, но не безжалостное.

А не ты ли мне рассказывал, какой звенящий зной в Донбассе?

Это точно, там солнце особое, аж щемит. Но и не аркульское, да в Аркуле солнца почти и не было. Вместо солнца - сплошные каркающие вороны на деревьях и дорога в десять километров, по которой нужно пройти с тяжеленным чувалом зерна или муки на спине. Прошёл, причём, наверно, сотню раз - если не больше.

Просто тебе было не до солнца. Уж что-что, а солнце везде одинаковое. И ворон, если вдуматься, везде хватает, как и сявок. Это вряд ли зависит от географических факторов.

Солнце одинаковое, конечно. Но греет по-разному - как только у него это получается?..

Судя по всему, не всё зависит от него...

Думаешь, от кого-то зависит всё?..

- Ось і наше Верхнє. Бачите - он там клуб "Перемога".
- Клуб? - удивилась Клара. - Я думала - церковь, только почему-то без креста.
- Так це й була колись церква. А потім з неї зробили клуб. Ну, а хрест зняли. Що ж це за клуб з хрестом?

"Креста на ней нет, на этой "Победе", - проворчала Клара сама себе. Потом более заинтересованно сказала Мише, показывая через боковое стекло:

- Смотри, Митуся, коровка.

Это слово у Миши пока не получалось. Хорошо хоть не назвала её божьей, а то совсем запутала бы ребёнка. Мама называется.

Полуторка проехала мимо стройки, которая выглядела довольно запущенной и даже брошенной.

- Что здесь строится? - спросила Клара.
- Та новий клуб.
- А зачем вам два? У вас же есть уже "Победа".
- Так він уже старий, як зараза. А цей будують, будують, все ніяк не побудують...
- А вон, Митуся, уточка идёт. Утка.
- Це гусак, - уточнил шофёр.
- Ну и гусики пошли! - рассмеявшись, процитировала Клара любимую книгу. - Видишь, как гордо идут, Митулик? Выступают, словно павы.

Она подумала, что Миша ещё не знает, кто такие павы, но сейчас наверняка понял. Мама как мама.

Полуторка осторожно объехала немыслимых размеров свинью, занявшую полдороги.

- Ти диви, яка здоровезна свинюка! - покачал головой шофёр. - Як той клуб, тільки лежить, а не стоїть. І без хреста.
- Свинка, - объяснила Клара Мише.
- Хлю! - понимающе ответил сын.
- Интересно, - заметила Клара, - чем нужно кормить свинью, чтобы вырос такой бронтозавр?

Микола усмехнулся:
- А біс її знає, що вона жре, падлюка. Щось таки жре.

Клара поняла, что их шофёр был явно не из раскулаченных. Скорее - пролетарий.

Мария Исааковна на секунду перевела взгляд на окно с ватмана, похожего на киноэкран в любимом Кларином кинотеатре. Сумская, кажется, перестала убегать, хотя отсюда, из окна ТЭПа, её и не видно.

Да нет, наверняка не убегает.

Мария снова повернулась к кульману: теплоэлектростанция заждалась.

XIV

Де захочете, там буде.
Леся Українка.

В Верхнем они поселились у Наді и Миколи Писаревських, на улице Садовой, недалеко от центральной улицы Ленина. Дом оказался просторным, совсем даже не хата какая-нибудь, хотя Надя называла его хатой. Это и понятно, ведь "садок вишневий - коло хати", как написал классик, а не возле, прости господи, дома, - оценил и уточнил Самуил. Разве что удобства, заметила Клара, не самые удобные. Домик работы неизвестного архитектора - как назвал бы его Владимир Фёдорович - Клару не впечатлил.

Пока пройдёшь по Садовой, наешься до отвала, від пуза, говорила Надя: тут соседи - как один со съедобными фамилиями: Борщ, Твердохліб, Рідкокаша, Пиріг.

Микола, Надин муж, правильнее сказать, чоловік, да и она - не жена а дружина или жінка, так вот, Микола работал шофёром - он-то и привёз их, вместе с пятью местами, в хату, которая выглядела как самый настоящий дом.

Микола был приятно разговорчив. Приятно не потому, что говорил много, а потому, что говорил в основном не о себе. Когда человек много говорит о себе, - сказала Клара Самуилу перед сном, это верный признак того, что рассказать ему о себе нечего.

У Наді з Миколою детей пока не было. Они, конечно, надеялись, а Самуил, после того, как Надю и Миколу обследовали в горбольнице и он посмотрел результаты, на общих радостях распил с хозяином бутылку самогона, отдающего миндальным орехом: слава Богу, всё, как оказалось, было делом времени. А время, Миколо, как мы знаем, имеет тенденцию лететь, разве что у тебя, к примеру, болит зуб и ты ждёшь не дождёшься, когда наконец доберёшься до поликлиники, а то уже ніяких сил немає терпіти. Но в данном случае речь, слава Богу, идёт не о зубах. Це я тобі як лікар кажу! Рассмеялись, потому что оптимизма прибавилось.

Миша оставался под надёжным присмотром целый день, пока Клара и Самуил были на работе. Они с Колей, его старшим товарищем, внуком их соседки по Садовой улице, учительницы Ларисы Петровны Косаченко, играли в саду, за двор не бегали, Надя пока не разрешала.

На обед вкуснее всего был горячий борщ с холодной котлетой вместо хлеба. А фруктов у Нади в саду было столько, что, казалось, съесть их все вообще невозможно, сколько ни ешь, хоть заешься.

В тот год яблоня анисовка уродила ещё лучше, чем всегда, то есть краще, ніж завжди, да а вишня - даже больше, чем обычно: рясна цього року, як ніколи, говорила Надя. Вишни были большущие - прямо как райки, такие красные, что аж чёрные, и жутко сладкие. Сама вишня была развесистая, тенистая, под ней стоял стол с двумя скамейками, там собирались все вместе, там Самуил с Кларой обычно принимали гостей, которым Надя была рада как своим. А они - Надиным.

Возвращаясь с работы, Клара знала, что, намотавшись с Колей, - вообще-то тоже Миколой, но Клара, как и его мама, Аня, называла его Колей, - и наевшись Надиных фруктов, Миша за день замурзывался, як порося. Перед самым Клариным приходом он просил няню:

- Надя, умой мне мордочку, а то сейчас придёт мама, будет меня ругать.

Нет-нет, поправила себя Клара, конечно же, он говорит не так. То же самое, но иначе:

- Надю, вмий мені пічку, а то зараз прийдуть мама, будут лаятись.

Вот сейчас правильно: по-русски "мама" и "папа" - в единственном числе, а по-украински - во множественном. По украинскому, как и по всем предметам, у Клары была "пятёрка", но школа и, как говорят экспериментаторы, полевые условия - это более чем не одно и то же.

На ночь Клара пела Мише песенку, и он, как ни старался не уснуть, всё равно засыпал, Самуил даже удивлялся, как это у неё выходит, а Надя спрашивала:

- Що, вже приспали хлопчика? Набігався, заморився, бідолага. А я, якби так побігала, то і без пісеньки заснула б.

... Она пела и думала: как бы сделать так, чтобы он никогда не был один? Даже тогда, когда будет один. Она постоянно об этом думала, просто не всегда это замечая...

К соседям Самуил периодически захаживал, иногда, без Клары - чтобы проверить, идёт ли его пациент на поправку. Клару это беспокоило, особенно если пациентом был мужчина, потому что гостеприимство в Верхнем лилось рекой. В этих, правда, нечастых случаях Самуил возвращался домой, когда Миша уже спал.

- Вип'ємо за венгрів, Семенович, - налил полные стаканы Федір Борщ. - Венгри - молодці, страшенно мені їх жалко!..

- Які венгри?! Угорці, збірна по футболу?! - переспросил Самуил, но тут же возмутился и для большей строгости и официальности перешёл на русский язык:

- Фёдор Опанасович, вам кто разрешал пить? Я вам русским языком (на самом деле - украинским, но в данном случае не это главное) говорил: с вашим сердцем - никакого самогона, и никакого лежания на кровати. Не переедать и двигаться. Движение - это жизнь!

- Та біс з ним, з цим самогоном! - согласился, но не успокоился Федір Опанасович. - Ти газети сьогодні читав?

- Які газети? - не понял Самуил.

- Та от же в "Ізвестіях" пишуть: венгри, ну, угорці, програли німцям у фіналі.

- Та ви що?! - воскликнул Самуил в искреннем если и не ужасе, то наверняка недоумении и огорчении. - Ах ты ж, боже ж мій!..

Его родители, Роза Самойловна и Семён Михайлович, сказали бы "Веизмир!", что фактически - то же самое.

Проиграли, причём, что самое невыносимое - не уругвайцам, прошлым чемпионам мира, не бразильцам - бразильцам всегда можно проиграть, никто и слова не скажет, - а - немцам... И кто проиграл? Венгры, сильнее которых сейчас в мире никого вроде и нет...

Самуил схватил газету, прочитал, что в Швейцарии, в городе Берне, на стадионе "Ванкдорф", сборная ФРГ со счётом 3:2 победила сборную Венгрии и стала чемпионом мира по футболу.
- По такому случаю можно, - печально произнёс Самуил. - Даже, ну его в баню, нужно.
Они выпили весь самогон, имевший явно выраженный привкус поражения от немцев, и закусили всем наличным чёрным хлебом со всем наличным же салом. Оно, конечно, вредно и нельзя, какое ж сало при таком сердце, но сегодня, чёрт с ним, с сердцем, можно. Даже нужно.

XV

- Ось тут вам буде гарно, хлопці, - сказала Надя, устраивая Мише и Коле "кубельку" на раскладушке под тенистым орехом.
- Их там мухи с комарами не покусают? - улыбнулась Клара, зная, что безусловно не покусают.
Первое лето в Верхнем было в разгаре.
- Горіх - чудове дерево, туди мушня не залітає, Кларисочко Зіновіївно! - ответила Надя. - Нехай собі відпочивають хлопці. Та й ви з Самійлом Семеновичем відпочиньте. Хіба ж можна стільки працювати без відпочинку?
Самуил вышел из хаты в своих любимых, немыслимо, то есть правильно широких клешах.
- Я готов, Кларонька. Можем идти. Мита, помогай Наде по хозяйству! Надійко, нехай хлопці тобі по господарству допоможуть, вони вже дорослі.
Надя рассмеялась, глядя на взрослых Мишу, которому было два года и семь месяцев, и ненамного более взрослого Колю:
- Ой, Самійло Семеновичу, та яка допомога! Ідіть собі спокійно, все буде добре. У вас же сьогодні вихідний день. А ввечері - гості, ви не забули?
- Помним, Наденька, помним, - ответила Клара, по-воскресному ещё более нарядная, поцеловала Мишу и Колю и взяла мужа под руку. - Мы тут недалеко.

В Харькове они бы пошли по Сумской до Стеклянной струи, потом в Сад Шевченко. Там не спеша - а куда и, главное, зачем спешить? - выпили газированной воды с вишнёвым сиропом. Потом, снова по Сумской, в противоположную сторону - в парк Горького, в Лесопарк. А там - гулять не перегулять, и не жарко совсем, в Лесопарке жарко не бывает. Домой вернулись под вечер, Миша уже ждал их, строя оптимистические гримасы самому себе перед зеркалом.

Владимир Фёдорович водил его в кукольный театр, по дороге они зашли в кондитерский магазин на Сумской, купили сто грамм пастилы в шоколаде, ну, а барбариски у Владимира Фёдоровича никогда не переводятся. Мария Исааковна следит, чтобы ребёнок не ел много сладкого, но ведь пастила в шоколаде - это не просто нечто заурядно сладкое, это что-то такое, чему нет определения. Пастила в шоколаде - это не банальная сладость, это - сласть.

- Вот видите, - сказал Владимир Фёдорович, - ему на своё отражение смотреть весело, а мне уже грустно.

И никому, как всегда после его слов, грустно не стало, а поэтому и ему самому тоже.

Улица Ленина недлинная, в одну сторону идти минут десять, от силы пятнадцать, и то если никуда не лететь, а спокойно, по-человечески прогуливаться. В одном конце улицы Ленина - клуб "Победа", бывшая церковь, а не доходя до клуба - официальные здания: райком, райисполком, милиция, суд. Там же - районная прокуратура и Кларина адвокатура. В другом конце - поликлиника, в которой работал Самуил.

В клуб они периодически ходили смотреть кино. Вот только никогда не знаешь, чего ожидать от фильма, это не то что в Харькове пойти, скажем, на концерт Вертинского, там заранее было известно, что заслушаешься и потом всю жизнь будешь петь

    Я знаю, даже кораблям
    Необходима пристань.
    Но не таким, как мы, не нам -
    Бродягам и артистам...

У Клары, считал Самуил, это получалось ничуть не хуже, чем у Вертинского. Вообще-то говоря, лучше.

А фильм по названию предсказать сложно, приходится, если не знаешь, идти наугад. Хорошо, если это, скажем, "Падение Берлина", в котором играет Кларин любимый Геловани, или "Сказание о земле Сибирской", или "Школа мужества", тем более что Гайдара-то они читали. А если какая-нибудь "Любимая"? Пошли смотреть про любовь, ребёнка одного дома оставили - ну, не одного, конечно (чтобы Клара и Самуил оставили Мишу одного?), с Надей ребёнка оставили. А Микола с работы ещё не пришёл, опять возил что-то, ему вечно дома не сидится - для него, как говорит Надя, "хата глиною воняє". Но ведь на целых два часа ушли, после нелёгкого, как потом сказала Клара, рабочего дня. А оказалось, что никакой любовью там и не пахло, а была любимая хозяйская корова, и пахло исключительно коровником, и кроме коровы хозяева никого не то что не любили, а вообще терпеть не могли, особенно друг друга. Или просто показалось? Наверно, показалось, особенно Кларе. Но вокруг и без того столько коров, и за забором, ну, то есть, за тином, корова - у Андрона и Галепихи Обидионов, что в кино смотреть ещё на одну совершенно ни к чему.

Ещё при клубе была Верхнянская районная библиотека. Там заведующей работала мама Ларисы Петровны, Ольга Петровна Косаченко, с нею Клара изредка встречалась, когда заходила за очередной книгой.

- А ты что ж, Кларочка, книг с собой не привезла? - спросила Ольга Петровна в одну из первых встреч.

- Привезла, и все по десять раз перечитала, - ответила Клара. - Хотела привезти больше, но было бы неподъёмно: полно юридических книг, у Самуила - медицинских. Один "Справочник лечащего врача" весит полпуда... - Кстати, Самуил говорил, что её "Речи выдающихся русских адвокатов" весят как минимум не меньше. - А тут, к счастью, есть библиотека.

Клара тогда, кажется, взяла журнал "Знамя" с романом Николаевой "Жатва"...

...По улице Ленина, как и по любой улице в Верхнем, не пройтись незамеченными. На Сумской ты никого не знаешь и тебя, слава богу, никто не узнаёт. А на улице Ленина все друг с другом знакомы.

- Доброго вечора, дохтуре!
- Доброго вечора, Кларисо Зінові́ївно!

Кое с кем они за это время уже познакомились, но особых друзей, кроме, наверно, учительницы української мови і літератури Ларисы Петровны, у них пока не было. Ну, и ещё Ани и Феди, Колиных родителей. Аня тоже работала в школе, учительницей русского языка и литературы, а Федя - милиционером, по соседству с Клариной адвокатурой.

Доктора, то есть, не по-украински, а по-староверхнянски, дохтура, Блехмана уважали все несколько (четыре с половиной, кажется) тысяч жителей Верхнего. За год работы в поликлинике Самуил вылечил не одну сотню пациентов, и по домам ходил, если требовалось.

- Кларонька, - сказал Самуил, - ты же не скажешь, что я человек сентиментальный, да?
- Не скажу, - согласилась Клара. - Обещаю, что никому не скажу.

Самуил улыбнулся и поцеловал её:
- Нет, серьёзно. Ну разве я сентиментальный человек? А вот когда надеваю белый халат, вешаю на шею фонендоскоп... Только тебе скажу: это передать невозможно. Даже иногда не верится, что я этого добился.

- Доброго вечора, Кларисо Зінові́ївно!
- Доброго вечора, дохтуре!

Клара - не к месту, наверно, вспомнила, как сравнительно недавно, вечером, Самуил вернулся домой не с пустыми руками, а с десятком яиц. Сомневался, брать ли, но решил не обижать вылеченную им бабульку.

- Сеня, ты берёшь борзыми щенками? - проговорила Клара с таким выражением лица, что Самуилу вспомнилась Мария Исааковна. Тёще он мог возразить, но не хотел, а Кларе - и не хотел, и не мог.

- Кларонька, - ответил он, ставя лукошко на стол, и подмигнул Мише, - бабка пристала как банный лист: "Візьміть, дохтуре, дай вам Бог здоров'я!" Ну как я откажусь? Ты же знаешь моё отношение к подаркам. Кроме твоих, конечно.

Кларино лицо более чем не выразило восхищения: она и без того знала, что Самуил - прекрасный дохтур, бабкино мнение было избыточным. И что её подарки и бабкины - понятия несравнимые.

- Ты так дорожишь любовию народной? - негромко спросила она.

Последний - он надеялся, что последний, - раз у неё было такое выражение лица, когда он попытался поцеловать её, выкурив перед этим папиросу. С тех пор он не курил.

- Сеня, надеюсь, ты найдёшь этим яйцам достойное применение, - поставила точку Клара.

Самуил вышел во двор. Надя развешивала бельё на верёвке, которую он, как только они здесь поселились, протянул между двумя высокими яблонями: Миколі было некогда, хата глиною воняла. Яблоки были потрясающие - нет ничего вкуснее анисовки, такого аромата и вкуса не бывает ни у других сортов яблок, ни у любых других фруктов.

- Надю, - спросил он хозяйку, - слухай, що мені робити з цими яйцями?

Надя кивнула на сарай:

- У мене є свої, Самійло Семеновичу, кури несуться, слава Богу! А віддайте Галеписі. Вона рада буде: їхні кури щось цього року підкачали.

Галепихой звали за глаза бабу Галю Обідіон. Хата Обідіонів - баби Галепихи і діда Андрона - стояла по соседству, через забор. Хозяйство у них было большое, в своё время их бы могли раскулачить. Хотя какие Галепиха с Андроном кулаки? Вкалывают с утра до вечера, как Самуил, и Клара, и Надя.

- Тётя Галя! - позвал Самуил соседку.

- Що тобі, дитино? - Галепиха разогнулась и подошла к забору.

- Самуил протянул ей яйца:

- Це Вам з дядею Андроном. Яйця свіжі, Надя сьогодні надрала.

- От спасибі, дитинко! Зараз я тобі наллю баночку молочка, зачекай.
- Ні-ні, тьотю Галю, не треба! Це вам подарунок від Наді та від нас із Кларою.

Так активно отказался от молока, что баба Галепиха чуть не обиделась.

Когда в следующий раз Самуил вылечил руку ещё одной бабульке, та впала в восторг и завтра утром принесла дохтуру оклунок: что-то было по-деревенски, иначе говоря аккуратно, завёрнуто в білу хустинку. Ну то есть в совершенно белоснежный платок.

При виде подарка Самуил изменился в лице.
- Борзой щенок? - почти не слышным и потому страшным голосом спросил он.

Бабка не поняла.
- Що, дохтуре? Що ви кажете? Який щінок?

Самуил молча, но не менее страшно, посмотрел на бабку, развернул хустину и вынул из неё жареную курицу.
- Що це таке? - проговорил он тихо, но оконная фрамуга всё равно задрожала.
- Та це ж куриця, дохтуре. Свіженька. Ви тільки подивіться, яка гарна!

Больше сдерживать эмоции Самуил не был в состоянии. Распахнув дверь в коридор, так что та чуть не сорвалась с петель, он швырнул курицу в дальний конец коридора, и жареная птица, кажется обретя крылья, взмыла над головой выходившей из соседнего кабинета медсестры и над головами посетителей. Бабка была в полуобморочном состоянии.

- Значит так, - сказал Самуил, для строгости и официальности, как тогда с Борщом, перейдя на русский язык, и от этого стало ещё страшнее. - Если что заболит, обязательно приходите, вылечу. А принесёте подачку - выкину вместе с вами. Забирайте тару и идите себе с богом. И не забывайте делать тёплые ванночки для руки, как я вам рекомендовал! Надеюсь, помните.
- Доброго вечора, Кларисо Зіновіївно!
- Доброго вечора, дохтуре!

Клара уже не удивлялась тому, что её знают так же хорошо, как Самуила. Знают, но не потому, конечно, что она защищала всё Верхнее и Нижнее, а потому, что их привыкли видеть вместе, часто с Мишей - и на улице Ленина, и в клубе "Победа", и возле Надиного дома-хаты. У красивого молодого дохтура - красивая молодая жена, да ещё и такая умная вернее, дуже гарна і розумна дружина.

XVI

Кларе, как и Самуилу, иногда не верилось, что она смогла этого добиться и любимая римская фраза звучит для неё в Верхнем.

Audiatur et altera pars - эти волшебные слова звенели в старом уютном кабинете Никифора Фёдоровича Гниды. Кажется, они были начертаны и на салатных стенах кабинета.

Кто придумал эту фразу?

Впрочем, и не придумал вовсе, а услышал, догадался, почувствовал. Сейчас этого римлянина уже называют древним, а ведь он был её, Клариным, ровесником. Или, может быть, это была римлянка? Если так, то - наверняка ровесница Клары, и похожа на неё. Как и Клара, она добивалась всего, к чему стремилась, и передала профессору Фуксу, а значит, и Кларе волшебные латинские слова.

- Не обращай внимания на прокурора, - посоветовал ей Никифор Фёдорович, совсем, как оказалось при первой же встрече, не соответствующий своей фамилии. Он по-прежнему носил офицерский китель. Тому было никак не меньше десятка лет, но за это время не становился Никифору Фёдоровичу мал.

Вынул красный карандаш из малахитово-зелёного стаканчика и, улыбнувшись, продолжил:

- Нехай, Кларочка, прокурор попробует доказать, что твой подзащитный - гад. А пока не доказал - ни про какого гада речи нет и быть не может.

- Не докажет, - улыбнулась Клара. - Я не позволю.

- Молодец, Кларуся! - кивнул Никифор Фёдорович. - Ты с прокурором играешь партию в шахматы. Он - чёрными, ты - белыми. В этой вашей игре только одно не так: первый ход делают не белые, а чёрные. Зато последний ход - всегда за тобой. Здорово римляне придумали, скажи? Вот ты и старайся его обыграть, хоть он обычно мастер опытный, да и весь народ, не только тот, что в зале, как правило, за него и соответственно против тебя. Они же думают, что главное - дать как следует по башке. А я тебе, Кларочка, скажу вот что: с ударенной башкой человек ещё больше гадостей наделает.

- Да, причём из ударенной башки никогда не получится собственно голова, - согласилась Клара. - Но бывает, что ударить всё-таки необходимо, и посильнее.

Никифор Фёдорович рассмеялся:
- Бить надо умеючи, не по самому слабому месту. Вот у тебя сын. Ты же если и шлёпнешь его, то по мягкому месту, а не, упаси боже, по голове, правильно? А почему? А потому, что ты хочешь, чтобы он тебя понял, а не потому, чтобы наоборот, или тем более, боже упаси, чтобы стал инвалидом.

Дел было немало, хотя переизбытка сявок не наблюдалось, разве что некоторое количество обычных кугутов. Иногда требовалось ездить на выездные заседания суда. Тогда Клара, прокурор и Люба - секретарь суда - садились на вместительную телегу или в пахнущую харьковским троллейбусом бричку, и уверенная в своих силах, на редкость бодрая лошадь отвозила их по назначению - в соседнее село, в клуб, в котором слушалось очередное дело.

Ехали небыстро, вокруг было спокойное, кажущееся вечным однообразие. Время перемешивалось с таким же бесконечным, как оно само, пространством, словно запах малины с запахом хвои, и жизнь казалась такой нескончаемой, что её ход не был заметен. И покой и воля, о которых Клара бесконечно давно и поэтому вроде бы совсем недавно прочитала в подаренной мамой книжке с необычной лакированно-бежевой обложкой, эти нескончаемые покой и воля совсем даже не заменяли ей счастья, а то ли дополняли, то ли, скорее всего, создавали его.

Выигрывать у прокуроров было увлекательно, хотя и несложно. Обычно прокурор оказывался бывшим фронтовиком, чего только на своём веку не повидавшим, и ему очень не хотелось проигрывать двадцатипятилетней девочке, ну, правда, красавице, ну так и что? Язык у неё, конечно, подвешен будь здоров, но он тоже ведь не лыком шит.

Оказывалось - лыком.

- Чем больше мы будем с ними панькаться, - сказал прокурор с фамилией, как у знаменитого машиниста - Перебийнос, точнее говоря, Перебийніс, - тем они больше будут нам с вами садиться на голову. Закон, Кларисса Зиновьевна, не дышло.

- Иван Дормидонтович, - вспыхнула и покрылась своим практически неотразимым румянцем Клара, - вы отвечаете, не выслушав вопроса. Но свой ответ, который вы знаете заранее, не заменит вам моего вопроса.

- Слушаю, Кларисса Зиновьевна, - слегка склонил голову прокурор. - Виноват.

- Итак, Иван Дормидонтович, вы предлагаете, не мудрствуя лукаво, отлупить? Как недавно моя подзащитная Мотя - своего мужа-алкоголика скалкой, да? Или всё-таки лучше выслушаем другую сторону и постараемся понять? И если и наказать, то как-нибудь обойдёмся без скалки, а сделаем это в соответствии с тем самым недышлом, которое требует прислушаться не столько к первому слову, сколько к последнему?

- А-а, значит я его, видите ли, ещё и понимать обязан?! - почти взревел прокурор. - Ти ба яка цяця! Это я про него, а не про вас, Кларисса Зиновьевна. А он понимал, что делает, когда, сволочь такая, это ваше недышло нарушал? А тут вы, со своей второй стороной и последним словом. Она его скалкой по башке, а вы мне будете красиво объяснять, почему именно она, бедняжка, это сделала. А недавнее дело Куспельского сельпо? Единственный, кто получил условно - ваша подзащитная Фроська, извините за выражение, Пукало, остальные сели, причём надолго, и правильно сделали! Зачем, скажите на милость, адвокат этой, не при вас будь сказано, Пукало? Вы видели её физиономию?

- Конечно, видела, - пожала плечами Клара. - Она далеко не Вивьен Ли, не говоря уже о присутствующих. Но вы же не смогли доказать, что она виновна в растрате, а халатность, тем более непреступная, ещё далеко не хищение.
- Кларисса Зиновьевна! - возмущённо воскликнул прокурор. - Да её, с её мордой, только за решёткой и держать, так же как и её хахаля, Витьку Бормотуна. А вы помогли ей уйти от ответственности!

Клара посмотрела прокурору в глаза, как Мария Исааковна в Первоуральске, в эвакуации, смотрела в глаза Кларе, когда возвращалась домой после двухсменного рабочего дня и спрашивала у Клары, как дела в школе.

- Так что же: Quod licet Jovi, non licet корове? Иван Дормидонтович, я в такой же степени за соблюдение закона, что и вы. И я тоже, извините за банальность, против преступности и терпеть не могу преступников. Но ведь возможно, что тот, кого мы с вами заранее невзлюбим, на самом деле вовсе и не преступник? Или не такой страшный преступник, чтобы, так сказать, награждать его путёвкой в гостеприимное общество преступников страшных. Докажите мне, переубедите меня - и тогда я рада буду согласиться с вами, даже если повода особо радоваться нет. Соглашусь, и судья остановит мои часы.

Прокурор, любивший играть в шахматы на время и потому знавший толк в шахматных правилах и часах, брезгливо махнул рукой:

- Слишком много чести. Я имею в виду не вас, Кларисса Зиновьевна, а преступника. Признался на следствии в совершении преступления - можно это учесть и немного смягчить наказание, да и то если преступление не слишком тяжёлое. А упёрся как баран на новые ворота - сам виноват.

- А вдруг не виноват? - снова вспыхнула Клара. - Вдруг его убедительно попросили, и он не смог отказать в просьбе? Мы в институте учили, что одна из главных улик - это признание обвиняемого, но не очень любимое вами Римское право открывает глаза, даже если они от

переизбытка чувств или времени совсем слиплись. Я имею в виду не вас конкретно, Иван Дормидонтович.
- А кто у вас читал Римское право? - не обиделся прокурор.
- Профессор Фукс.
Прокурор улыбнулся:
- Толковый дед.
Подумал и добавил:
- Ладно, Кларочка, впредь буду тебя убеждать.
Подумал ещё и поставил точку - хотя бы здесь его слово было последним:
- А судью мне убедить будет легче...
Темнело. Клара с Самуилом пошли домой.
- Добрий вечір, дохтур!
- Добрий вечір, Кларисо Зіновіївно.

XVII

Немного опоздали: Лариса Петровна ждала их за столом под вишней. Вишен уже не было, но вишня оставалась всё такой же развесистой и надёжной.
- Здравствуйте, Лариса Петровна. Загулялись, извините, пожалуйста. Вроде недалеко, но достаточно, чтобы опоздать. Пойду посмотрю на Мишу.
- Доброго вечора! - ответила Лариса Петровна. - Як погуляли, Сеню?
- Чудово, Ларисо Петрівно! - Самуил сел напротив. - Погода - як раз для мене і Клароньки: не жарко, не холодно. Як каже моя мама, "как следует быть".
Лариса Петровна улыбнулась:
- Пишете їм?
- Пишет, Лариса Петровна, - присоединилась к ним Клара. - Вот не знаю: мне бы он тоже так часто писал?
- Тебе чаще, - рассмеялся, почти пропел Самуил. - Тебе бы я с удовольствием писал три раза в день - перед завтраком, перед обедом, и перед ужином. Нет, ужин я бы отдал врагу, а вместо него написал бы письмо, в три раза длиннее дневного. Но лучше пусть это будет не нужно, давай общаться не на бумаге.

Клара поцеловала его и обратилась к Ларисе Петровне:
— Сегодня была в библиотеке, разговаривала с вашей мамой. Вы так друг на друга похожи!

Лариса Петровна улыбнулась:
— Мы с мамой — как две сестрички. Вы же знаете: у нас даже отчество одинаковое — она Петровна, и я Петровна. Только она Ольга, а я — Лариса.

— Она тоже была учительницей?
— Да, мы с ней обе — учительницы украинского языка и литературы. Видите, без книг не может, пошла в завбиблиотекой. Иногда лекции там читает. А в основном — нянчится с Колей.

Клара кивнула.
— Как вы отдохнули, Лариса Петровна? — спросил Самуил. — Учебный год приближается.

— Непогано, дякую! Ездила в Феодосию, мне там больше всего нравится. Загар меня, правда, не берёт, да я и в основном под навесом просидела и пролежала. Искупнусь — и на топчан. Зато книг перечитала — до следующего отпуска. С моей работой не слишком расчитаешься.

— Лёгкая бледность вам вполне идёт, — сказал Самуил, — хоть сейчас и не видно. А что вы читали? Неужели есть такие книги, которых вы ещё не прочли?

Лариса Петровна снова улыбнулась:
— Книга — как шахматная партия: каждая чем-то похожа на остальные, но в главном — уникальна. Те, которые не уникальны, я к литературе не отношу.

— Что ж с ними делать? Не сжигать же.
— Сжигают-то как раз уникальные. А остальные — сами сгорят, никуда они от этого не денутся. Даже если их искусственно оберегать.

— Тем более, если их искусственно оберегать, — согласилась Клара (чтобы Клара согласилась?). — Вообще, то, что навязывают и то, что само навязывается, любить в конце концов не будут, даже если оно достойно любви.

— Как говорил наш с Кларочкой любимец Писарев, — добавила Лариса Петровна, — люди имеют странную привычку покупать бумагу не пудами, а в виде нарезанных

и переплетённых листов бумаги, так что читать нелитературу - это как покупать бумагу на вес.
Надя принесла каждому по мисочке фруктов.
- Пригощайтесь, я вам тут фруктів намила.
- Наденька, - улыбнулась ей Клара, - принесите и себе и присоединяйтесь к нам. - Как бы ни было хорошо без вас, с вами всё равно лучше. И мужа зовите.
- Так він чекав, чекав на вас, не дочекався, а тепер уже спить собі без задніх ніг. Заморився на роботі - з ранку ж до вечора працює. Хата йому глиною воняє.
Надя сбегала в хату, принесла миску с фруктами и села за стол рядом с Ларисой Петровной, напротив Клары и Самуила.
- А что именно вы успели прочитать под навесом? - продолжила Клара. - Есть ли и правда что-нибудь нечитанное вами из украинской литературы?
Лариса Петровна непривычно невесело усмехнулась, посмотрела за двор, мимо Надиных анисовок, ореха, сливы-марабельки, как называл их Самуил, куда-то в сторону улицы Ленина. Ответила тихо, но Клара, Самуил и Надя услышали:
- Такого багато, і воно десь є... Але де?...
- Думаете, где-то всё это есть? - спросила Клара.
- Знаю! - кивнула Лариса Петровна. - Може, краще б не знати?
Она как бы встряхнулась и сказала:
- Открыла для себя нового русского поэта. То есть он не новый, жил сто лет назад. Может, вы слышали: Владимир Бенедиктов.
Клара развела руки, Самуил присвистнул, Надя с удивлением посмотрела на них.
- Это один из моих любимых поэтов! - воскликнула Клара. - Мне мама ещё до войны подарила старый двухтомник издательства "Вольф". А что именно вам больше всего понравилось?
Как Лариса Петровна запомнила всё стихотворение - уму непостижимо. Надя бы сказала: "Не можу збагнути!" Но запомнила и прочитала наизусть:

Скульптор, в восторге вдохновенья,

Волшебный образ изваял.
Народ, немой от изумленья,
Пред изваянием стоял,
И наконец главой поникнул
У мраморных кумира ног,
И в ослеплении воскликнул,
Молясь безумно: "Это - бог!"
А вождь страны, от искушенья
Народ желая отвратить,
Велел рабам без сожаленья
Ломами статую разбить!
Сказал: "Да сгибнет изваянье!" -
И, раздробленное в куски,
Погибло светлое созданье
Скульптора творческой руки. -
И, над обломками кумира
Склоняясь мыслящим челом,
Стоял какой-то странник мира
В раздумье грустном и немом.
"Кто был преступнее, - он мыслил,
В груди тая свой горький плач, -
Народ, что камень богом числил,
Иль дивной статуи палач?"

    - Думаю, виновнее всех был скульптор, - сказала Клара после минутного раздумья. - Не нужно бросать бисер свиньям.

    - Та чому ж свиням, Кларисочко Зіновіївно? - удивилась Надя.

    - Потому, что они поклоняются статуе, - твёрдо ответила Клара. - Сначала бьют массовые поклоны, лбы свои набитомордые в кровь разбивают, колени до дыр протирают, а потом, рано или поздно, объявляют вне своего зачуханного закона того, кого предварительно сами же обожествили. Если требовали распять живого человека, то уж памятник наверняка снесут, и улицу наверняка переименуют, это они умеют.

    - И портреты заставят затушевать в учебнике, - усмехнувшись, добавил Самуил,.

    Надя кивнула:

- Ми замальовували портрети в книжках. Пам'ятаєте, Ларисо Петрівно? Ви нам самі казали, кого замалювати.

- Это не Лариса Петровна говорила, - уточнила Клара, - и не Ольга Петровна. Они вам просто передавали то, что им там, - она показала вверх, - настоятельно объясняли.

Лариса Петровна покачала головой:

- На небі таке не придумають. Це тільки на землі можна вигадати.

- А стихи эти мне очень нравятся, спасибо вам! - сказала Клара. - Я думала, что кроме меня, Бенедиктова уже никто не читает...

- Кстати, Кларочка, - спросила Лариса Петровна, - или некстати: вам вообще-то нравится скульптура?

Клара покачала головой и ответила не задумываясь - она уже не раз над этим задумывалась:

- Не очень, Лариса Петровна. Статуи для меня - одномерны, они какие-то, говоря откровенно, плоские, как неудачные шутки, - что "Мыслитель", что "Девушка с веслом". Живопись немного лучше, у неё по крайней мере два измерения. А многомерно для меня только слово.

Она перебила сама себя:

- А как ваши ученики, Лариса Петровна?

- Ну, первого сентября увидим, кто за лето поумнел, а кому оно на пользу, как водится, не пошло. У нас есть такие фрукты - куда там Надиным!

Все рассмеялись.

- Как говорится, "з колиски п'є, з колиски куре".

- Что, у вас есть и курящие и даже пьющие?

- А как же без них? Якщо такий знає, як маму звати, це уже добре, ставимо тверду "трійку". Знає, як батька - "четвірку". Ну, а якщо знає, хто такий Тарас Григорович, то - п'ятірку з плюсом.

Лариса Петровна рассмеялась, вспомнив забавную историю:

- Недавно один мне говорит:

"Ларисо Петрівно, ми з мамкою знайшли в огороді череп німця! Викопали, дивимось: точно, німець!"

"А чего, - спрашиваю, - вы с твоей мамой решили, что это - немец?"

"Ой, Ларисо Петрівно, так він же - рогатий!"

"Так може, - кажу, - то не німець, а коза або корова?"

А он, представьте, мне и говорит:

"Та що ви, Ларисо Петрівно, у нас в огроді черепа корови не може бути. І кози теж".

Все, кроме Клары, рассмеялись. А Клара - расхохоталась так, что, кажется, стёкла в хате зазвенели. Микола проснулся и выскочил в чём был, то есть почти без ничего: наверно, подумал, что немцы опять пришли и веселятся на радостях. Успокоился, махнул рукой, буркнул себя под нос "Регочуть, як дурні", и пошёл обратно в хату...

Самуил поднял голову, увидел, что с неба падает звезда. Он не успел загадать желание: желания никогда не успеваешь загадывать, - и как они потом сбываются, непонятно. Только успел подумать: интересно, это она от Клариного смеха свалилась - или просто потому, что август?

XVIII

- Следующий!

Следующим, на сегодня последним, был Бормотун. "Не зря мне имя "Виктор" не нравится, не говоря уже о производных - подумалось Самуилу. - Михаил - не просто лучше, а вообще никакого сравнения".

- Слушаю вас, - произнёс Самуил. - На что жалуетесь?

Виктор Бормотун сел на стул. Руки у него были в синих татуировках, через них проступал его жизненный опыт - это было ясно: чтобы понять, не нужно быть ни Иваном Дормидонтовичем, ни Никифором Фёдоровичем.

- Та шо-то вухо, зараза!.. - морщась, ответил Бормотун -, не на украинском (Самуил удивился бы, если бы Бормотун заговорил по-украински), а на суржике.

- Что именно?

- Та болыть, гадюка, - уточнил Бормотун, продолжая кривиться. - Шо робыть, не знаю!

Самуил не был отоларингологом, но откуда в Верхнем отоларинголог?

- Ну-ка, повернитесь ухом к свету! - приказал он Бормотуну. Смотрел, давил, но ничего обнаружить не мог.

- Не простудились? В хате у вас холодно?

- Та не, у нас тепло. Фроська сквознякив не любыть... Ой, гадство!..

- Может, утром на холод выбегали?

- Та не, я утром вобще з хаты не выхожу. А шо утром выходыть?

Самуил пожал плечами:

- Я, например, выхожу, и моя жена тоже. И вот санитарка наша, Клавдия Фёдоровна, тоже выходит.

- Та не, - покачал головой Бормотун, ещё сильнее морщась. - В сильпо надо - сами позовуть. А вухо я не застудыв, точно помню... Ой!..

Самуил посмотрел ещё раз, потом сказал твёрдо:

- А ну-ка откройте рот.

Бормотун открыл, на глазах у него выступили слёзы. Самуил заглянул ему в рот, внимательно посмотрел и понял, в чём дело.

- Зуб у вас болит, уважаемый.

Бормотун закрыл рот и снова ойкнул:

- Шо?..

- Зуб у вас болит, гнилой совсем, - повторил Самуил. - Зуб мудрости. Отдаёт в ухо.

- А вухо?! - возмутился Бормотун.

- Уши - мыть надо! - рявкнул Самуил. - Не будешь мыть - ещё не так заболят или вообще отвалятся! Иди к зубному врачу, скажи, что я прислал. Прямо по коридору, через одну дверь отсюда.

- Та я... - промямлил Бормотун вместо "спасибо". Потом всё-таки проговорил "до свиданя" и вышел.

"Поскольку в данном случае медицина, то есть мы с вами, не бессильны, - сказал бы профессор Кац, - позитивный результат гарантирован".

Но баба Клава покачала головой:

- Бідна Фроська!.. Як вона живе з таким обормотом? От же ж дурна дівка!
        - А що за Фроська? - не понял Самуил. - Він теж казав про якусь Фроську.
        - Та Пукало Фроська. Вони живуть разом.
        - А-а... А діти в них є?
        - Дітей немає... А може, і слава Богу, - вздохнула баба Клава и, взяв ведро, пошла мыть пол в коридоре.

XIX

        - Кларонька, а это что за снимок? - спросил Самуил. - Я его раньше никогда не видел.
        - Ты знаешь, я о нём совсем забыла, он мне недавно случайно на глаза попался. Это мы возвращаемся в Харьков с Урала, из эвакуации.
        - Ты тут совсем взрослая.
        - Да, - согласилась Клара, - девица на предвыданьи. Новое платье надела по случаю возвращения в родной город, хотя ехать ещё, судя по всему, довольно долго.
        - А какого оно цвета?
        Клара хищно прищурилась:
        - Кроваво красного, хотя и в белый цветочек. Роковая женщина, цветок зла.
        Самуил поцеловал её.
        - Сколько же тебе тут лет? Где-то пятнадцать - пятнадцать с половиной?
        - Ну что ты, никакой половинчатости! Я в самом соку: судя по контексту, мне здесь пятнадцать лет и восемь месяцев... Мы остановились на какой-то станции, уже не помню, на какой... Видишь, почти все - в военной форме, и женщины тоже, они, думаю, возвращаются домой. Но до конца войны ещё, к сожалению, о-го-го!... Я вышла на минуту, Владимир Фёдорович щёлкнул.
        Клара перевернула фотографию, на обороте было пусто.
        - Никогда не думала, - проговорила Клара, - что окажется так важно подписывать фотографии пока не поздно... Когда снимок только сделан, в нём нет ничего

нового. А чем он старше - тем новее... Потом, после тебя, на него будут смотреть, и он для того, кто смотрит, будет совсем новым. Нужно будет Митусе показать все эти фотографии, когда он подрастёт.

Самуил обнял её. Клара, ответила тем же, сказала:

- Эти две женщины, видишь, вот эти, с медалями, они обо мне, конечно, сразу забыли, это только здесь они на нас с тобой смотрят... И я о них забыла, только сейчас посмотрела и вспомнила... А на других станциях были совсем другие люди, и я их уже не помню, и они меня не помнят. Тут - одни, там - другие... Когда-то была Милка - помнишь, у меня была подруга, я сначала думала, что ты, может быть, влюбишься в неё, а не в меня, но у тебя оказался не отличный, а идеальный вкус. Была Девица как Роза. У тебя - Гришка... Сейчас - Лариса Петровна, Надя, Микола, Обидионы... Люди всё время меняются, остаются только самые близкие...

- На то они и близкие, Кларонька, чтобы оставаться, - снова поцеловал её Самуил. - Мита подрастёт - обязательно покажем ему всё, что у нас в этой папке. И нас с тобой, и всех родичей.

- Надеюсь, ему будет интересно, - вздохнула Клара.

Поцеловала Самуила, потом спящего на своём диване под семью слониками Мишу, и они вышли во двор.

Прошлись в обнимку по двору, постояли, обнявшись, под орехом.

Давным-давно Клара мечтала, что у них будет сын.

Два с половиной - нет, никакой половинчатости - два года восемь месяцев назад - мечта сбылась.

Сейчас она мечтала о том, что когда-нибудь, нескоро, когда это будет особенно важно для него, Миша узнает, что его родители стояли, обнявшись, под ореховым деревом. Что небо было - словно кто-то хоть и непутёвый, но всё-таки очень мудрый, не соль рассыпал, а разбрызгал от конца до края тёплое молоко. А остальные звёзды были похожи на белый зефир из кондитерского магазина на Сумской, куда Мишу любил водить Владимир Фёдорович. Что Клара мечтала о том, чтобы Мише было очень важно, совершенно необходимо всё это узнать, и чтобы он - обязательно, навсегда узнал.

Она мечтала о том, что Миша будет думать о них, стоящих сейчас в обнимку под орехом, о хате, которая в действительности не хата, а настоящий дом, об ореховом дереве, о заборе, на котором сушатся глиняные глечики - их туда днём повесила Надя.

А разве думать - недостаточно для того, чтобы в конце концов - обязательно, непременно, во что бы то ни стало - узнать?

И ещё она мечтала о том, чтобы он никогда не был одинок.

Даже если почему-то случится так, что он будет один.

И о том, чтобы - не случилось.

XX

- В священной любви к праздникам, как и к памятникам, есть что-то языческое! - смеясь, сказала Клара. Она как раз закончила причёсываться и была почти готова идти на демонстрацию, осталось только одеться потеплее, всё-таки - ноябрь.
- Митуся, ты готов?

Миша встал с горшка, а это было главное в подготовке.

- Сидит на горшочке, - то ли весело, то ли грустно заметил Самуил, - а когда-нибудь - будет иметь своё мнение...
- В этом он весь в своих родителей, - ответила Клара. - Вот и отец его: отсидел своё - и на свободу с совершенно чистой совестью и собственным мнением по любому поводу.

Миша не понял, о чём хохочут родители, но они часто хохотали - разве поймёшь каждый раз причину?

На демонстрацию Миша шёл впервые, поэтому заранее знал, что будет интересно. Клара видела это по его глазам: если Мише чего-то не хотелось, он смотрел под ноги, а если хотелось, то - куда глаза глядят. Под ногами ничего, чтобы заслужило его внимание, сейчас не было.

Люди собирались на демонстрацию - первомайскую и, как сейчас - октябрьскую, у клуба "Победа", а оттуда шли по улице Ленина к зданию райкома, там была трибуна, на ней - всё начальство. В мегафон объявляли здравицы, все кричали ура. К жителям Верхнего присоединялась колонна из соседнего Нижнего. Нижнянская колонна шла все 2 километра по шоссе, на котором в праздничные дни машин не было, идти было легко, разве что немного в гору, зато домой - вниз, совсем просто. Обычно Клара с коллегами ездила в Нижнее и обратно на бричке или в крайнем случае на телеге, не пешком же идти. Но демонстрация - совсем другое дело, мелких неудобств не замечаешь, да их в такой день и нет вовсе. И если бы нужно было пройтись до Нижнего и обратно, то прошлись бы, конечно. В Харькове приходилось ходить не меньше.

- С праздником! - тётя Галя!
- Зі святом, Кларонько!
- Зі святом, дядю Андроне!
- І тебе, Семеновичу!

В Харькове они собирались рано утром в конце Пушкинской. Туда попробуй ещё доберись: улицы перекрыты грузовиками, приходится петлять, но Владимир Фёдорович всегда находил дорогу, и они наконец-то добирались до места сбора. Вообще-то у каждого из них была своя колонна: у мединститута - своя, у юридического - своя, у ТЭПа, у Управления Южной железной дороги, - но Клара, Самуил, Мария Исааковна и Владимир Фёдорович шли вместе и вместе возвращались домой. Мишу с собой не брали: сначала его вообще не было, а потом оставляли дома на Фельдманов, Рита с ним играла.

Клара любила привязать к флажку два шарика, лучше всего красный и синий. У Марии Исааковны был или шарик, или флажок, излишеств она не любила. Самуил нёс большой флаг, а Владимиру Фёдоровичу обычно доставался чей-нибудь портрет, и он говорил себе - тихо, чтобы никто, кроме своих, не слышал:

- Мог бы и пройтись, ничего бы не отпало.

Или:

- Я наработал на награду - каждый раз кого-то несу, хоть и не выношу.

Мария Исааковна страшно смотрела на него, так что Владимир Фёдорович, улыбаясь, прикусывал язык.

Колонны шли до площади Дзержинского. Пели песни - Самуил, конечно, громче и лучше всех. Радовались всему на свете, а на свете много чего. Нахохатывались, как говорила Клара, до следующего праздника, хотя и между праздниками всё равно хохотали не меньше. Да и как не хохотать, если хохочется? Было так здорово, что не было и никогда больше не будет войны, да и вообще - было здорово, и вряд ли это можно объяснить - впрочем, и не нужно.

- С праздником, Иван Дормидонтович!
- С праздником, Кларисса Зиновьевна! С праздником, Сеня!
- В пристрастии к праздникам есть что-то языческое, - смеясь, сказала Клара Самуилу, когда они давно - да нет, какое там - недавно начали встречаться и приближался их первый совместный праздник - тоже 7 Ноября, кажется. Точно, Октябрьские праздники. На демонстрацию они ходили ещё вдвоём, Кларина подруга Милка решила им не мешать - как оказалось, раз и навсегда... - Если каждый день не будет праздником, то сколько ни назначай праздники, они праздниками не станут. А если каждый - то зачем назначать? Тем более, что единственный настоящий праздник - День Победы, при всём уважении к остальным.

- Это, Кларонька, серьёзная политическая ошибка с твоей стороны, - улыбнулся ей Самуил. - Что именно ты так смело называешь не праздником?

Клара поцеловала его - тогда ещё чуть по-дружески, и подкованно, хотя и хитро улыбаясь, ответила - как водится, вопросом на вопрос:

- А что, разве 7 Ноября произошло не для того, чтобы каждый день был праздничным?

- Ну, Кларка, "Правде" до тебя - як відсіля пішки до Києва. Ты родилась адвокатом! - воскликнул Самуил, хохоча. - Можешь доказать всё на свете. Даже что белое - это чёрное.

Клара красиво пожала плечами, - такими плечами нужно пожимать или красиво, или более чем красиво, - Клара пожала плечами более чем красиво:
- Если белое в действительности окажется чёрным, докажу, конечно. А если нет, то доказывать не буду. Вообще, Сенька, из двух спорящих один обычно дурак, а другой - подлец. То, который знает правильный ответ и спорит, - подлец. А тот, кто не знает, но всё равно спорит, - дурак.
Тут можно было наконец-то поцеловаться всерьёз и надолго, как сказано по совсем другому поводу.
- С праздником, Никифор Фёдорович!
- С праздником, Кларочка! С праздником, Сеня!
И погода никогда не подводила. Если вдуматься, она ведь никогда не подводит. Ну что такое плохая погода? Это когда тебе плохо, да? А если хорошо, значит - хорошая? Ну хорошо, а если хорошо - всегда?
Миша вырастет и обязательно узнает об этом.
И, возможно, кто-то напишет стихи - о том, что погода плохой не бывает...
- Лучше, Кларонька, плохая погода, чем никакой.
- Ну, до никакой нам ещё далеко!
Демонстрация, как всегда, двинулась по улице Ленина. Здорово, что это было и будет всегда. И когда Миша вырастет - тоже. Как всегда, демонстрация дошла до площади Дзержинского, там - мимо трибуны, на которой стоит всё начальство, а из мегафона объявляют здравицы, и все кричат ура. Красного цвета так много, что и без того светлые макинтоши и такие же светлые демисезонные пальто и светло-серые шляпы кажутся ещё светлее и наряднее. Потом - до Госпрома, а оттуда мы идём домой.
Мария Исааковна и Клара накрывают на стол. Язычество, не язычество, а так вкусно, как в праздник, не бывает никогда. Впрочем, фаршированную рыбу и оливье едят только на праздник. И компот из персиков. Миша вырастет, попробует - не оторвётся.
"Не спеши! - улыбаясь, скажет Мише Владимир Фёдорович. - Никто у тебя не отберёт". Не отберёт, конечно.

- Зі святом, дохтуре!
- Зі святом, Кларисо Зінові'вно!
- Як ваша рука, баба Мотя? Не болить?
- Дай вам Бог здоров'ячка, дохтуре! Зовсім не болить, слава Богу.
- Прованночки не забувайте!

Но он всё равно будет спешить - это же персиковый компот. Персики - большущие, гладкие, словно отполированные, и сладкие.

Миша нёс красный шарик с пищиком. Потрясающая штука, пищик: когда шарик спускает, пищик пищит.

- С праздником, Лариса Петровна!
- Зі святом, Ларисо Петрівно!
- І вас, діточки! Приходьте до нас сьогодні, відсвяткуємо свято разом, буде чудово!
- Спасибо, Лариса Петровна. Обязательно придём, отпразднуем все вместе! Только вы не беспокойтесь, не готовьте ничего особенного. Мы просто посидим, поговорим: с вами всегда приятно поговорить. И вы, Ольга Петровна, не беспокойтесь!
- Щоб українка не пригостила гостей? - рассмеялась Ольга Петровна. - Де ж ви таке бачили? То вже буде не українка, а не знаю що.
- У нас, Кларочка, уже всё готово! - добавила Лариса Петровна. - Жаль, отец Александр не придёт: хворает. Я хотела вас с ним познакомить...
- А где Аня с Федей, Лариса Петровна? Что-то их не видно.
- Да вон они идут, Клаурся. Мы только дома и виделись, утром. Теперь все вместе встретимся уже у нас. Приходите сразу после демонстрации. І ви також приходьте, Надю, Миколо.
- Дякую, Ларисочко Петрівно! Дякую, Ольго Петрівно!
- Ну, от і гарно! - Лариса Петровна повернулась к своим школьникам: они со всей колонной двинулись по улице Ленина, к райкому. Ольга Петровна, попрощавшись ненадолго, пошла вместе с дочкой и учениками.

Самуил поднял Мишу себе на барана, Клара забрала у сына шарик с пищиком, чтобы ребёнок держался за Самуила как следует, обеими руками. Оттуда, сверху, ему всё было видно как на ладошке. Чуть впереди Клара увидела Аню и её мужа Фёдора, - хотя правильно, конечно, не "Фёдор", а "Федір". Зато Аня - именно "Аня", в данном конкретном случае не "Ганночка" или "Ганнуся".
- Аня, Федя, с праздником!
- И вас, Кларочка! И тебе, Сєня!
Демонстрация постепенно заканчивалась.
Клара запустила шарик, он полетел над Мишиной головой, над знамёнами и транспарантами - красный, как малина, которую обожает Миша, - за ним нужен глаз да глаз, чтобы не объелся.

XXI

Народу собралось - далеко не вся демонстрация, но всё равно немало: хозяева - Ольга Петровна, Лариса Петровна, Федір, Аня, гости - Клара, Самуил, Надя з Миколою, дети - Коля и Миша. Дети сразу же пошли во двор играть в Чапаева, за двор выходить без взрослых им не разрешали, но двор-то большущий, скачи не хочу. Надеваешь пальто, как бурку, застёгиваешь его под горлом, берёшь в руки шашку и выскакиваешь во двор. Иногда к ним приходили поиграть соседские пацаны. Те постарше, но в Чапаева играют будь здоров. Чапаев, говорил им Самуил, одобрил бы.
- Митусечка, недолго, - сказала Клара.
Недолго в Чапаева! Где вы такое видели?
- Кларочка, ты меня научишь делать фаршированную рыбу?
- Конечно, Лариса Петровна, с радостью. Люди добровольно лишают себя такого удовольствия - зачем, не понимаю. При всём моём искреннем уважении к оливье - рыба же не вместо, а кроме.
- Привыкли к холодцу и салату, а расширить кругозор не можем, - согласилась Лариса Петровна.

Клара помогала ей накрывать на стол.

- Да и если бы только это, - сказала она. - Есть привычки намного хуже, в основном - против самих же себя. Например, не читать. Это же как у самого себя украсть кошелёк. Назло, так сказать, бабушке отморожу себе нос.

Лариса Петровна кивнула и, поставив посередине стола бутылку крымского вина, позвала гостей:

- Прошу сідати! Прошу к столу!

И добавила, обращаясь в первую очередь к Кларе, но и ко всем тоже:

- Это - как разделять людей на тех, кто любит холодец, и тех, кто фаршированную рыбу.

- Вот именно, - улыбнулась Клара. - А как быть с теми, кто любит и то, и другое?

- Разделяют только те, кто хочет властвовать, - заметил Самуил. - Это тоже твои римляне говорили, Кларонька, правда?

Интересно, подумала Клара, что когда людям есть о чём поговорить, их не бывает слишком много. А если не о чем - и двоих чересчур. Даже одного...

- Всё, что придумали люди, условно и не вечно, - заметила Клара. - Сегодня придумают одно, завтра передумают и сочинят нечто диаметрально противоположное. При этом и то, и другое будут выдавать за вечную истину.

- Дай Бог нам всем поумнеть! - весело воскликнул, словно пропел, Самуил . - Предлагаю выпить за то, чтобы никто нас не смог разрезать, как холодец на куски, сколько бы ни пробовал! И чтоб мы друг друга учили готовить холодец и фаршированную рыбу.

- Тогда нам точно никакие глупости, которые мы сами выдумали, не будут страшны! - добавила Клара, чокаясь с Ларисой Петровной, Ольгой Петровной, Самуилом, Надей бокалом с крымским вином. - Да они нам и так не страшны. На то они и глупости, чтобы их не бояться.

Главный напиток, который не так давно сделал, вернее, выгнал, Микола, был разлит по двум менее привлекательно выглядящим и непритязательно закупоренным бутылкам. Наличие в напитке всевозможных добавок вроде мускатного камня придавало ему в глазах некоторых гостей пикантности: Самуил, например, считал, что напиток вполне похож на коньяк. Хотя для Клары это было не похвалой, а наоборот, но о вкусах разве спорят? Тот, кто спорит и при этом знает правильный ответ, тот - подлец, а кто не знает и всё равно спорит, тот - дурак.

- В качестве лекарства - лучше читать хорошую литературу, - сказала Клара. - Лучшего противоядия против глупостей, наверно, нет. И столько узнаёшь - никакие газеты не сравнятся. Вы согласны, Лариса Петровна?

Та улыбнулась:
- Повністю згодна - я ж учителька літератури. Вот в газете прочитала недавно: "полтавчане". Это тачанка - ростовчанка, а у нас-то - Наталка-Полтавка... Сейчас принесу пирожки и кое-что расскажу.

- Що ж ти так скривився, Миколо? - улыбаясь, спросила мужа Надя.

Тот скривился ещё сильнее, ответил грустно:
- Ой, який же він гіркий, цей коньяк! Така гадость... Бачите, як я мучаюсь та страждаю?

- Так зачем же ты пьёшь такую гадость? - рассмеялась Аня. - Ещё и другим подливаешь.

Микола задумчиво покачал головой:
- Не можу не пити, така моя доля. От Сєня може сказати: "Не буду!" - і не буде. А якщо я скажу, хто мені повірить?

Надя погладила мужа по голове, поцеловала в щёку:
- Бідолага ти мій рідненький! Раз так, то мучайся сам, а людям це барахло не наливай.

Впрочем, люди не возражали.

Лариса Петровна вернулась, неся большое блюдо с пирожками:
- Угощайтесь! Мы с Анечкой напекли.

Аня замахала руками:
- Ну что вы, мама, я вам просто помогала.

- Это вы скромничаете, Анечка, или снимаете с себя ответственность? - улыбнулась Клара.

Микола сел на диван, вытянул ноги: устал за неделю жутко, никаких сил нет. Хоть на праздник перевести дух, а там - опять запрягаться... Откусил большущий кусок пирожка, зажмурил глаза от удовольствия. Кларе такая усталость была хорошо знакома. Иногда она так уставала, что, ложась спать, не могла уснуть: от усталости забывала, как это делается. Самуил смеялся, думая, что это шутка, но сам уставал не меньше.

Коля и Миша как раз вернулись, впечатлений у них было столько, что они захлёбывались ими и, почти как рыба в воде, пускали пузыри. Надя помогла им раздеться, проследила, чтобы они вымыли руки, дала по пирожку. Ольга Петровна усадила их на диван:

- Тільки не накришіть, хлопці.

Пирожки были потрясающие.

- Так, як моя теща, ніхто пиріжки не пече! - в полном восхищении воскликнул Федір. - Та ще й моя жінка допомогла!

Аня поцеловала мужа.

- Оце піріжок так піріжок! - солгасился Микола. - А от у Галепихи пиріжки такі тверді, як плачиндра. Хоч об дорогу бий.

- А что такое плачиндра? - улыбнулась Клара.

Микола пожал плечами:

- А чорт її знає. Щось таке, що об дорогу б'єш, б'єш, а не розкусиш... Таких пиріжків, як у Лариси Петрівни та Ольги Петрівни, ні в кого немає!

- А у мене?! - засмеялась Надя.

- Та я ж не договорив, Надійко! - воскликнул Микола и поспешно вскочил с дивана, хрустя расправляемыми плечами. - Я хотів сказати, що у Лариси Петрівни, Ольги Петрівні і у тебе!

Снова сели за стол.

Самуил налил Ольге Петровне вина, потом Ларисе Петровне, та подняла бокал:

- За ваше здоров'я, люди добрі! І за щастя!

— Щоб усі були щасливі! - добавила Ольга Петровна. - Щоб не було війни, голода, всього, що ми пережили. А як пережили, то тільки Бог знає...
— И пусть наши мечты понемножку сбываются! - добавила Клара, чокаясь со всеми. - Только не полностью и не все, чтобы оставалось на потом!

Она сказала это с такой уверенностью, что сомнений в том, что останется, ни у кого не осталось.

После второго - нет, третьего тоста Надя запела любимую - было видно, что любимую - песню:

> Цвіте терен, цвіте терен,
> А цвіт опадає.

Учительницы присоединились к ней:

> Хто в любові не знається -
> Той горя не знає.

Миша с Колей, не доев пирожки, внимательно слушали, словно хотели запомнить слова.

> А я молода дівчина
> Горя я нн зазнала:
> Вечероньки не доїла,
> Нічки не доспала.

Они пели на несколько голосов, у каждого была своя партия, но - а может быть, именно поэтому - получалось слаженно, как будто пел один голос, напоминающий несколько слаженных голосов. Музыки вроде бы и не было, но она - была, Клара чувствовала её лёгкий, слабо уловимый хвойно-малиновый запах.

Последний куплет пел и Самуил, теперь их стало четверо, и слаженность от этого не только не пропала, но наоборот, усилилась:

> Цвіте терен, цвіте терен,
> А цвіт опадає.
> Хто в любові не знається -

Той горя не знає.

Пять куплетов пролетели, как пять секунд, - или, подумала, Клара, как пять лет, когда начинаешь чувствовать, что они пролетают...
- Это - о том тёрне, из которого венец терновый? - тихо спросила она после того, как песня закончилась, но ещё оставалась в комнате.
Лариса Петровна кивнула.
- А чьи слова? - ещё через несколько секунд, похожих на несколько витающих где-то под потолком куплетов, спросила Клара.
- Кажуть, народні, - слегка пожала плечами Надя.
Клара вздохнула и сказала негромко и осторожно, как будто защищаясь от кого-то:
- Вот как получается... Талантливый человек сочинил песню, а его в знак благодарности лишили имени, назвали народом... А кому известно, что такое народ, кто именно это такой?
Надя улыбнулась:
- Так ми ж і є народ, Кларисонько Зіновіївно! Ми з вами, Аня, Самуїл Семенович, Лариса Петрівна, Ольга Петрівна, Аня, Федір, ось ці діти!
- І я! - заметил Микола.
- І ти, і ти, сонечко моє! - поцеловала мужа Надя.
Запах музыки всё ещё не рассеивался, пять спетых, но, казалось, не допетых до конца куплетов продолжали звучать, молча и ненавязчиво.
- Нет, - покачала головой Клара и добавила тихо, но от этого не менее уверенно:
- Ты, Надюша, - Надя Писаревська, а не народ. И Миша, и Коля, и каждый из нас. Вот я - Клара Блехман. И вы, Лариса Петровна, не народ, а Лариса Петровна Косаченко. И вот Ольга Петровна Косаченко. А это, я думаю, гораздо больше и гораздо важнее. И когда мы поём прекрасную песню, только тогда, так и быть, становимся народом. Если, конечно, это - такая песня. И при условии, что не перестаём быть Надей Писаревской, Ларисой Петровной Косаченко, Самуилом Блехманом. Если Миша не перестанет быть Мишей. Ну, а если

перестанем, или если такую песню заменим на какой-нибудь "трынь-брынь", какой же мы тогда будем народ? Лариса Петровна кивнула, но почему-то вздохнула при этом. Знала, конечно, почему.

XXII

- Мамочка, можно я сегодня не посплю? - настойчиво попросил Миша.
- Митуля, ты ещё маленький, а маленьким нужно днём спать, - ответила Клара, осознавая банальность ответа. - Ты устал: сначала демонстрация, потом вы с Колей два часа играли. Наденька, вы его уложите спать?
Ну какие шахматы после такой тяжёлой недели? Микола прозевал слона - Федір аж за голову схватился, как будто что-то понимал: "От же ж роззява!" Самуил слона забрал и сказал, не отводя глаз от шахматной доски:
- Рыжий, если б меня уложили, я бы заснул как пить дать. Спи, набирайся сил: вечерком мы с тобой в футбол сыграем, если дождь не пойдёт.
- А пусть они ложатся в Колиной комнате, - предложила Лариса Петровна. - Гуртом легше і батька бити, і спати. Анечка, помоги Наденьке, солнышко.
Аня кивнула, они пошли вчетвером в Колину комнату.
- А мы тут посидим, если тебе, Кларочка, не будет со мной скучно.
Самуил улыбнулся, не отрываясь от доски. Его пешка бодро шла в ферзи, Микола хмуро выискивал спасение, Федір хотел закурить, но тёща дома курить не разрешает. Смотреть ему поднадоело, в шахматах он толком не разбирался, но и уходить было неудобно.
- Скучно - с вами, Лариса Петровна?! - воскликнула Клара. - Даже если бы это, к сожалению, были не вы, мне бы скучно не было. Сама не знаю, почему, но этой болезнью я не страдаю... А что вы хотели рассказать?
Лариса Петровна задумчиво улыбнулась, выпила ситро из стакана, не торопясь с рассказом, что-то обдумывая...

- Я однажды, когда была маленькой, - сказала Клара, чтобы Ларисе Петровне было веселее, - ужасно захотела пить, хватанула воду из стакана, пока взрослых поблизости не было, а это оказалась не вода, а водка... Спала потом круглые сутки.

Получилось: Ларисе Петровне стало веселее, она начала:

- В школе я не рассказывала, а сейчас вот захотелось рассказать...

Она снова задумалась, и Клара больше не перебивала.

- Ты права, Кларочка: то, что придумывают люди, ненадёжно и очень субъективно, хотя часто говорят, что это не отдельные люди придумали, а вроде бы весь народ... А что, если не придумали, а... а понял человек? Такой человек, без которого народа быть не может, даже если все остальные сохранят свои имена. Да и сохранят ли - без него?..

Ольга Петровна задумчиво кивнула, соглашаясь с дочкой. И почти незаметно улыбнулась, обменявшись с нею взглядами.

Лариса Петровна выпила газированной воды, снова замолчала, потом улыбнулась:

- Ты знаешь, Кларочка: мы, украинцы, народ спокойный... Хотя и вспыльчивый: вспыхиваем как спичка, сами иногда не знаем, почему... И так же, как вспыхнули, вдруг, ни с того ни с сего успокаиваемся. Зла не держим.

Клара улыбнулась, кивнула. В комнату вернулись Надя и Аня. Самуил, Фёдор и Микола перестали играть, все слушали - словно то ли вернулись в свою уже старую школу, то ли пошли в другую, совсем новую, и там снова преподавала их Лариса Петровна.

А та продолжала, по-прежнему по-русски, хотя и для всех, кто был в комнате. Клара подумала, что когда-нибудь всё услышанное здесь обязательно расскажет Мише. А Миша - обязательно расскажет всем, кому захочет. Ему будет кому рассказать.

- И вот я как-то подумала, - говорила Лариса Петровна, - что Шевченко, осознанно или нет, передал в своих главных стихах этот наш характер. У других поэтов я этого не нахожу. Они от этого не становятся менее замечательными, каждому ведь своё... А он - смог, может и не заметив этого, рассказать об украинском характере. Вот смотрите:

>Як умру, то поховайте
>Мене на могилі
>Серед степу широкого
>На Вкраїні милій...

Клара слушала и вспоминала, как здорово эти стихи перевёл, думая при этом и о своём, совсем другом народе, Твардовский. Поэтому у него получилось так, как будто вовсе и не перевёл, а сам написал:

>Как умру, похороните
>На Украйне милой,
>Посреди широкой степи
>Выройте могилу,
>Чтоб лежать мне на кургане,
>Над рекой могучей,
>Чтобы слышать, как бушует
>Старый Днепр под кручей.

- Это, - говорила, улыбаясь, Лариса Петровна, - неторопливый, несуетливый, спокойный украинец. Днепр бушует, "реве ревучий", а человек рассуждает спокойно, взвешенно... И вдруг, внезапно, неожиданно - он взрывается:

>И когда с полей Украйны
>Кровь врагов постылых
>Понесет он... вот тогда я
>Встану из могилы —
>Подымусь я и достигну
>Божьего порога,
>Помолюся... А покуда
>Я не знаю Бога.

- Представляете, Кларочка, что должен почувствовать украинец, чтобы сказать: "я не знаю Бога"? Вы когда-нибудь такое слышали от украинца? Я имею в виду обычного человека, а не какого-нибудь прихвостня - полицая или старосту. Ну, или сами понимаете, кого.

Клара, конечно, понимала, как не понять.

- Но он не останавливается, теперь это никакая не спичка, теперь пожар вспыхнул:

> Схороните и вставайте,
> Цепи разорвите,
> Злою вражескою кровью
> Волю окропите.

- И вдруг, продолжала Лариса Петровна, - как вспыхнул внезапно, так неожиданно и остыл, мы ведь зла долго не держим, быстро успокаиваемся:

> И меня в семье великой,
> В семье вольной, новой,
> Не забудьте — помяните
> Добрым тихим словом.

- Ну кто ещё о нас так рассказал миру?

"Не забудьте пом'янути незлим, тихим словом"...

Клара удивилась тому, что услышала их обоих: Тараса Шевченко, как будто тот сошёл с постамента в своём харьковском Саду, и Ларису Петровну.

И подумала, что и Миша - тоже когда-нибудь услышит.

И никогда не будет одинок - даже если будет один.

XXIII

Самуил разделся до пояса - работа предстояла тяжёлая, взял пол-литровую банку и пошёл в огород. Что может быть лучше с медицинской точки зрения, чем физический труд в выходной день? Профессор Кац кивнул ему и поставил "зачёт" в синюю зачётную книжку. Да и как не помочь Наде, убирающей в хате? Клара с Мишей пожелали Самуилу успешного воскресника и пошли погулять по Верхнему.

Весной Надя посадила в огороде картошку, и сейчас туда, как на приманку, бросились бесчисленные, ядовито-жёлтые колорадские жуки. Самуил, согнувшись в три погибели, хватал большим и указательным пальцами одного жучка за другим, энергично давил их и бросал в банку. Наверно, можно было и не давить, но очень уж отвратительно они выглядели, даже омерзительно, если быть откровенным.

Чем-то - наверно, бесполезностью своей и наглостью - колорадские жуки напоминали аркульских ворон, каркавших на него с деревьев, когда он тащил на спине очередной мешок с зерном или мукой. Те только и умели, что каркать, а эти - жрать картошку, которую им бы и в голову не пришло посадить и вырастить.

"Всякая ненависть - это зависть", - как-то процитировала ему Клара одного умного человека. Но Самуил и тогда не согласился, и сейчас. Разве ж он завидовал всем этим никому не нужным, испускающим жёлтый яд жучкам? Или бесполезным, каркающим на весь белый свет чёрным воронам? Или Бормотуну?

Он рассмеялся своим мыслям и сильным, не допускающим и подобия каких-то там петухов тенором запел одну из любимых неаполитанских песен:

    Скажите, девушки, подружке вашей,
    Что я ночей не сплю, о ней мечтаю.

И со слезой, беспощадно давя взявшегося откуда ни возьмись здоровенного, грязно-коричневого вовчка:

    Что всех красавиц она милей и краше.

Баба Галя подошла к забору со своей стороны, заслушалась. А Самуил всё давил и давил мерзких в своей бесполезности жуков и пел на всё Верхнее, а голос его становился, кажется, крепче с каждой строчкой и даже не думал срываться:

> Я сам хотел признаться ей,
> Но слов я не нашёл.

И на самой высокой, недосягаемой ноте, так, что Кларин любимый Лемешев снял бы меховую шапку Ленского - не потому, что сейчас тепло, а потому, что ему вряд ли взять такую ноту неизвестно какой октавы:

> Очей прелестных
> Огонь я обожаю!..

- Привіт, тьотя Галя!
- Привіт, дитинко! Щоб ти був здоровий!

И пошла по делам - работы полно, жаль, нет времени послушать все песни...

А Самуил продолжал весело давить ненавистных жёлтых жуков.

- Вы меня, сволочи, знаете с хорошей стороны, а сейчас узнаете с плохой! - вольно процитировал он подпоручика Дуба из любимого своего "Швейка" и запел совсем новую песню, которую, кроме него, в Верхнем ещё мало кто знал, а чтобы спеть так, как он, - об этом вообще речи не было:

> Воды арыка бегут, как живые,
> Переливаясь, журча и звеня.
> Возле арыка, я помню, впервые

и так высоко - выше некуда, Бейбутов позавидовал бы белой завистью:

> Глянули эти глаза на меня.

Чёрной бы позавидовал.

XXIV

Давненько у Клары не было её коронного приступа хохота. Когда она молча, взахлёб хохотала, Самуилу становилось даже страшновато: Клара багровела, сгибалась в три погибели, замолкала, слёзы брызгали из её глаз.

Когда она через некоторое время, слава богу, пришла в себя, Самуил облегчённо вздохнул и заметил:
- Наконец-то! Ты, Кларонька, прямо как у Чехова: то у тебя лирическое настроение, то вдруг расхохочешься, тебя не остановишь.
- Это он говорил об украинских женщинах, - отдуваясь, ответила Клара. - За украинскую женщину - особенное спасибо, Сеня! Стольберг и Блехман - типичные украинские фамилии. Такие древние. Правда, из Блехмана может получиться, скажем, Блехманенко или Блехманчук, или, не побоюсь этого слова, Блехманюк. А из Стольберг - ничего путного не получается. Увы...

Самуил улыбнулся:
- Ты начала рассказывать что-то про зятя Ларисы Петровны, и вдруг тебя скрутило. Теперь можешь рассказать, что случилось?

Клара выпила воды, облегчённо вздохнула: "Отпустило!" и продолжила:
- Ты только представь себе: Федя, при исполнении обязанностей, в полном милицейском обмундировании, заходит на наш долгострой.
- В новый клуб?
- Если его будут строить такими же темпами, - сказала Клара, - то пока построят, он успеет состариться. Но наша милиция нас бережёт: милиционеры туда периодически наведываются, блюдут порядок, как бы чего всё-таки не вышло.
- А что там может выйти? - усмехнулся Самуил. - Там толком и украсть нечего.
- Украсть нечего. Зато можно нарушить и даже попрать.

Клара была на грани нового приступа, но только ей подвластным усилием воли сдержалась.
- Федя дозором обходит владенья свои и вдруг в заброшенном углу видит: сидит на корточках гражданин не самого презентабельного вида, с сосредоточенным выражением лица, весь в себе, и удовлетворяет, как

говорил Гашек, свою большую физиологическую потребность. Федя был оскорблён в лучших чувствах - не только как представитель правопорядка, но и как гражданин: гадить в общественном месте, пусть пока и не доведённом до ума? Рано или поздно сюда придут законопослушные граждане верхняне, и что же окажется? Окажется, что тут в своё время было беспардонно нагажено, хоть потом, возможно, и прибрано на скорую руку. Что же это получается: они смотрят кино и танцуют там, где раньше попирали?!

Самуил рассмеялся:

- Кларунчик, я надеюсь, что Федя скрутил этого злостного нарушителя соцзаконности? И кто же ж, кроме тебя, моя родная, сможет защитить его от заслуженной кары? Слушай, ты меня пригласишь на показательный процесс? Уверен, ты сделаешь из прокурора форшмак, Плевако бы тобой гордился!

Клара выпила воды, стараясь больше не смеяться, а если и смеяться, то хотя бы не заходиться в обессиливающем хохоте:

- Дело сложное, по зубам только мне, Плевако и профессору Фуксу. Уникальный процесс: эстетические чувства вступают в противоречие с социальными нормами. Сказано же: "Всё своё носи с собой" - так нет же, не вынес, не доносил. Нечего давать волю низменным инстинктам! Федя возмутился до глубины души и говорит: "Ти шо ж це, падлюка, робиш?"

По-украински у Клары получалось так смешно, что Самуил тоже принялся хохотать.

- Сеня, прекрати! - снова расхохоталась Клара, хотя до багровения и слёз, к счастью, не дошло. - Дай договорить!.. Сенька, у меня живот уже болит, сейчас возьму и рожу повторно!

Надя вошла в хату и, увидев покатывающихся со смеху Клару и Самуила, расхохоталась за компанию.

Наконец Клара из последних сил выпрямилась и завершила свой рассказ, всё ещё держась за живот:

- Тот, не отрываясь от своего занятия, смотрит на Федю невинным взглядом, просто sancta simplicitas, как и

полагается смотреть на начальство - снизу вверх, и спрашивает:
"А шо, товарищ начальник? Шо такого?"
"Та шо значить "шо"?! Ти де розсівся, паразит?! Тут же ж буде клуб!!" - кричит Федя и чуть ли не хватается за кобуру.
- Та у нього в тій кобурі пусто! - вытирая слёзы, уточнила Надя.
- Может, потому и схватился, что пусто, - кивнула Клара и продолжила:
"А ти, гад, сидиш тут і чорт зна шо робиш! А ну пішов!! Я тобі кажу: тут клуб буде!"
Тот и не подумал вставать. Махнул рукой и говорит:
"Тю, та який клуб, ви шо? Тут ще срати і срати".
Отхохотав, Надя спросила:
- Так Федір його арештував?
- Нет, - сказала Клара. - Может потому, что кобура была пустая. А может, - она снова расхохоталась, - рук марать не хотел.
Миша вбежал в дом: начинался дождь.
Было время обедать, Надя пошла разогревать борщ и котлеты для Самуила, Клары и себя. Для Миши она котлеты не разогревала: он любил горячий борщ с холодной котлетой вместо хлеба - вкусней, как известно, ничего не бывает.

XXV

Самуил с Миколой сделали своё дело, принесли ёлку и теперь могли отдохнуть на диване в соседней комнате без двери, с аккуратно раздвинутыми шторами, глядя, как Клара и Надя надевают на ёлку шары, конфеты и блёстки.
Дед Мороз легко нёс тяжёлый мешок с подарками, шуршал огромной шубой - голубой, с белыми отворотами, бесшумно постукивал палкой. Снегурочка была редкой красавицей, в такой же, как у деда, шубе и, конечно, с густой русой косой. Клара улыбнулась игре слов, подумала, как много в жизни зависит от прилагательных, и снова посмотрела в окно.

День закончился, но было светло, как в белую ночь, о которой она знала только по Пушкину, хотя разве это мало? Мишу Клара одела на улицу, почти как Деда Мороза: в шубу, валенки, рукавицы, конечно, завязала шарф (Владимир Фёдорович сказал бы "кашне"). Аня - примерно так же - Колю, хоть он, как говорил Самуил, посолиднее будет, старше Миши на целый год.

Клара смотрела на Мишу.

Смотрела и надеялась, что если не убирать лицо от поглаживающих щёки звёздочек, спускающихся с простывшего неба, он почувствует, что - не один. А звёздочки покажутся лепестками, которые кто-то обрывает и бросает ему, и они гладят его по щекам, ненавязчиво и нескончаемо...

Совсем скоро будет его день рождения, ему исполнится уже целых три года... Господи, вот, кажется, только что шли с Самуилом в роддом, тоже вечером и говорила, что не дойдёт, лучше уж уснуть в сугробе, а Самуил поднимал её, что-то приговаривая, и они снова шли, и наконец, на следующее утро родился Миша.

Как всегда, она накануне положит ему подарок на стул в изголовье дивана, - она негрустно вздохнула и повторила ключевое слово "всегда".

Потом, через несколько дней - Новый год, с двумя отличными, так привычными Кларе, цифрами-отметками на конце.

Потом, через неделю, ей - каких-то несчастных двадцать шесть, вообще говорить не о чем, ну что такое двадцать шесть лет? А Самуил совсем недавно вышел из комсомольского возраста, но по нём не скажешь совершенно, он скорее похож на пионера, чем на главврача, да и то не всякого пионера, а скорее на шантрапу в лучшем смысле этого слова. В сквере возле Зеркальной струи - памятники пионерам-героям. Хорошо бы поставить и памятник пионеру-шантрапе.

- Кларунчик, ты чему там улыбаешься? - спросил почти профессиональным тенором Самуил. - Снегурочка рассмешила? Или Дед?

Клара рассмеялась, ведь до деда Самуилу - як звідси пішки до Києва. А памятник будет зависеть не только и не столько от него: он свою задачу выполняет, причём очень хорошо. Так Миша когда-нибудь наверняка выполнит свою.

Надя снова засмеялась за компанию и тоже посмотрела в окно. Миша катал снежный шар для снежной бабы: за домом, возле забора, снега было много, они его специально там не убирали. Треба буде потім вийти, допомогти дитині, а то він сам не зможе, баба ж така здорова, на то вона і баба. Не баба - трамбала. А він іще маленький хлопчик, зовсім ще маленький.

- Как дела на работе, Сеня? - спросила Клара. - Ты Миколі рассказал, я думаю, так что теперь поделись с нами.

Самуил усмехнулся и обменялся взглядами с Миколой: скрыть что-либо от такой жены (а другой у него нет и не будет) невозможно.

- Сегодня на приёме была баба, имя не называю...
- Только без баб! - улыбнулась Клара, вешая на ёлочную лапу огромный шар, они его купили недавно и ещё ни разу не вешали на ёлку. - Пусть будет если не дама, то ладно уж, хотя бы женщина.
- Видела бы ты эту даму! - продолжал Самуил. - Ладно, пусть будет дама. Так вот, даме не сидится на одном месте: у неё на самом интересном месте вскочил здоровенный чирей.
- Сеня, ты называешь это место самым интересным? - воскликнула Клара. - Хотелось бы знать, что повлияло на твои критерии.
- Видела бы ты всё остальное! - хохоча, ответил Самуил.

Клара обернулась:
- Ты считаешь, что мои взгляды претерпели радикальные изменения и мне было бы интересно увидеть остальное?

Надя вытерла слёзы.
- Так ви її вилікували, Самуїле Семеновичу?
- Вилечу, Надійко, нікуди вона не дінеться со своим не самым интересным местом. Если только будет содержать это своё место в порядке, не будет выскакивать на мороз в одном халате вешать бельё и сидеть в такую

погоду на скамейке, караулить мужа. Отдыхать от трудов праведных лучше дома, а мужа высматривать - бесполезно, да и кому такой муж нужен, чтоб его высматривать? От него толку - прыщ на одном месте. Иначе я ей гарантирую кое-что гораздо хуже чиряка... Миколо, ходімо за дім, допоможемо Мишкові зліпити сніжну бабу.

— Ідіть, попрацюйте, - кивнула Надя.

— Единственная баба, которой не страшен чирей, - согласилась Клара. - И ничего гораздо хуже ей тоже не страшно, разве что повышенная температура.

XXVI

— Языческое, не языческое, - проговорил Самуил, срывая подснежники - белые, напоминающие любимые Кларины ландыши, - а праздник хороший. Праздник, я считаю, вполне заслуженный. Хотя заслужили они намного больше, чем один день. Согласен, Мита?

Вопрос для Миши был чересчур абстрактным, поэтому он кивнул.

Каждый сорванный цветок Самуил давал Мише на сохранение. Когда набрался букетик, они пошли домой, не спеша - куда спешить, когда дело сделано? И так же не спеша беседовали о жизни.

На день рождения, это было 2 месяца назад, Самуил и Миша подарили Кларе "Красную Москву", её любимые духи. В магазине им достали из красной с белыми ромбами коробочки флакон со стеклянной пробкой, похожей на корону или церковный купол. Они понюхали - бьёт в нос, и вообще - не очень... А когда мама нарядится, чтобы идти в гости или в клуб, или они с папой придут домой, а Миша ещё не спит, мама скажет что-нибудь смешное, поцелует его перед сном, и он уснёт без всякой песенки, потому что мама пахнет мамой. Наверно, "Красной Москвой", потому что - мамой.

Хотя, возможно, расскажет новый стишок, который недавно придумала.

В Харькове Самуил с Мишей утром поздравили бы Клару и Марию Исааковну, отпросились у них и поехали пятой маркой на Доброхотова, поздравлять маму, Иду и племянницу Майю. С подарками он бы что-нибудь придумал, плюс три букета цветов, хотя в начале марта цветы кусаются. Зато на Сумском базаре их сколько угодно, были бы деньги.

Поздравил Фиру Марковну, её Риту - это ж надо так вымахать! - даже Пипу, Стрелкину, Волкову (чтобы Самуил не поздравил женщин?).

"Пятёрка" едет от Бассейной до Балашовки долго. Не плетётся - плетётся, это когда ехать не хочешь, но вынужден, и всё равно, как бы ни плелась, приезжает быстро. Не плетётся, а едет изумительно долго. Миша смотрел в трамвайное окно, папа обнимал его за плечи и смотрел вместе с ним. Смотрел вместе с Мишей и думал вместе с ним, хотя и о своём.

Они проедут мимо Чернышевской, там Самуил впервые увидел Клару: был май, сирень цвела, как сумасшедшая, Клара и Милка, её закадычнейшая подруга, нюхали сирень и покатывались со смеху, и он в неё влюбился. Господи, ну конечно, в Клару, не в Милку же: кто же влюбляется в закадычных подруг, пусть и не своих?

Мимо загса, там они давным-давно расписались. Нет, а серьёзно: сколько лет прошло? Ну, вот считай: с 51-го по 54-й - четыре полных года, плюс два месяца в этом году, плюс два - в 50-м. Выходит четыре с половиной. А Мишке сейчас три года и два с небольшим месяца. Ну и летит же время...

Вспомнил: тут он с дедушкой Володей гулял, и они попали под дождь, еле добежали до дома. Бабушка что-то говорила, и мама, но он забыл, это было столько лет назад...

Слева - Кларин юридический институт. Красавец, Бекетовское здание, вполне - он улыбнулся - достойное Клары Стольберг, если только можно быть достойным её. Ну, я же достоин, значит можно, да и останавливаться на достигнутом не собираюсь. Клара рассказывала, что Бекетов спроектировал это здание, когда ещё был студентом. Ну что ж, я в его возрасте тоже кое-чего добился. Он поцеловал Мишу, не отрывающегося от полностью оттаявшего после зимы окна.

Повернули направо, проехали кинотеатр Жданова, хороший, но не самый любимый - они чаще ходили в Первый Комсомольский, на Сумской. Пушкинский въезд - тут Клара родилась, у них была большая трёхкомнатная квартира. Когда началась война, им авторитетно заявили, что они вернутся максимум через три месяца, а то и через два, ничего лишнего брать с собой не следует. Вернулись они через три года, и их квартира была уже занята, а лишнее оказалось совсем не лишним, хотя теперь им не принадлежало. Но что уж вспоминать и тем более жалеть. Теперь у них - Сумская, 82, квартира 7. Коммуналка, но зато там они поженились, и Мишка поэтому там родился, вернее, вырос. Хотя вырасти ему ещё предстоит, процесс, как говорит Клара, в разгаре.

Театральный сквер, дальше красавец театр Шевченко.

Свернули в переулок Короленко, проехали ТЭП, тут тёща работает. Помню, как мы познакомились: гуляли с Кларой по Сумской, встретили тёщу, она сказала: "Здравствуй, Кларочка", как будто её дочка держит под руку пустое место. Но вот когда мы поженились и я закончил мединститут - мединститут, не хуже юридического или её строительного, - стала узнавать, и более того, даже, если не ошибаюсь, зауважала.

Проехали по новому мосту через речку Харьков, мимо русского и украинского богатырей, возвышающихся над мостом, их воздвигли только что, в честь 300-летия воссоединения Украины с Россией. Они взялись за руки и смотрят куда-то в сторону Южного вокзала. Было бы удивительно, если бы Владимир Фёдорович не придумал для них имена. Придумал, конечно: "Васик и Тарасик".

- Тебе всё хиханьки, Петкевич!" - строго заметила Мария Исааковна.

Владимир Фёдорович весело всплеснул руками:

- Так что ж мне, плакать, Мария? - эту фразу он повторял по несколько раз в год, не реже. Плачущий Владимир Фёдорович - это что-то из области фантастики.

Мишка смотрел, смотрел и уснул. Правильно, спи, сынок, ехать ещё целую вечность. Как из Харькова в

Верхнее: едешь, пока спишь, а только проснулся - сразу же приехали.
- Картина моя! - воскликнула бабушка Роза. - Кинд тайере!
Мишу принялись целовать все подряд, Клара сказала бы: "Все, кому не лень, а ленивых не оказалось ".
Самуил по очереди поздравил с наступающим праздником маму, сестру Иду, племянницу Майю. Майя ещё не девица как роза, но если так дальше пойдёт... А я вам гарантирую, что пойдёт! Мои прогнозы всегда сбываются, если только им не сопротивляться.
Ида улыбнулась:
- Ты прямо как Клара заговорил, братик! Знаешь, если так дальше пойдёт...-
- Если так, дай Бог, пойдёт дальше, - рассмеялся и снова расцеловал сестру Самуил, - нас с ней друг от друга не отличишь. Папа, здравствуй!
Они обнялись.
- Как твоя работа? Что слышно на заводе?
- А что на заводе, что? Крашу где скажут, чтоб они были здоровы. Агицн веник.
Семён Михайлович поднял Мишу на руки:
- Ламца-дрица ла-ца-ца! Так сколько тебе уже, Мойшеле?
- Три! - произнёс Миша так же чётко, как некогда любимое "псина". И "р" получилось как следует быть, не какое-нибудь несчастное, похожее на подгузник, "ль". Клара была бы довольна, хотя наверняка исправила бы "уже" на "ещё". Впрочем, "ещё" она не менее наверняка исправила бы на "уже" - чтобы Клара не исправила?
- Муля, туда добираться, наверно, как до Доброхотова?
- Почти, - улыбнулся Самуил. - От Доброхотова - целый час трамваем до центра Харькова, даже чуть больше, а от Верхнего до Харькова - всего лишь ночь на поезде, даже чуть меньше.
- Веизмир, - покачала головой Роза Самойловна. - Мулечка, а что хоть оно такое, это ваше Верхнее? Похоже на Аркуль?
- Думаю, Верхнее больше. И потом это - райцентр.

- Самаил, ты обещал привезти фотографии, - напомнила Ида.

Большой круглый стол был, конечно, накрыт и смотрелся так, что было вроде бы и не до фотографий, но он их тысячу раз уже обещал показать, а прислал всего лишь несколько штук.

- Эту я видела! Это вы втроём прошлым летом, да?
- А тут с кем это Мишутка?
- С лучшим другом Колей. Мороз был, как сказал бы Владимир Фёдорович, отчаянный.
- А за ними - ваш дом?
- Да. Надя его называет "хата".
- Надя - это ваша хозяйка?
- Приятнейший человек. Они вдвоём живут, з Миколою, детей у них нет временно. Он - шофёр, Надя вкалывает по хозяйству, хозяйство у них большое. И за Мишкой смотрит. Кстати, готовит его любимый борщ с холодными котлетами.
- Митутка у нас теперь, наверно, щирий україєць? - улыбнулась Ида.
- Мы играем в Чапаева, - сказал Миша о том, что уже знал. Или - ещё? - подумала бы Клара.
- Вот - моя поликлиника, я как раз на работу пришёл, кто-то из коллег щёлкнул. А вот вам лучший адвокат Верхнего и Нижнего - Кларисса Блехман, в девичестве Стольберг. Это они на телеге приехали с выездного заседания суда. А это у неё в руке документы по очередному подзащитному засранцу. Они её все обожают, зато прокуроры боятся как огня, она ещё ни одного дела не проиграла. И не проиграет, мы с Митой уверены.

Миша соскучился по маме, поэтому потерял нить разговора и промолчал.

- Какая она красавица стала!..
- Азохн вей, Роза, можно подумать, что она раньше была какая-нибудь зачуханка.
- Шимен, ты мне только не морочь голову. Я говорю - сейчас она стала совсем красавица. Если бы она раньше была зачуханка, как бы она стала красавица, как?
- А это вы с кем?

— Это учительница украинского языка и литературы, Лариса Петровна Косаченко. Мы дружим с её семьёй. Вот Клара с невесткой Ларисы Петровны, её зовут Аня, она тоже учительница, а рядом - Анин муж Фёдор - сын Ларисы Петровны, он милиционер. А вот Мишкин друг Коля - их сын.

— А с кем это Кларочка, такой солидный?
— Это её начальник, Никифор Фёдорович. Адвокат района.
— Мулечка, кого ты тут обнимаешь?
— Обидионов, мама. Здесь - бабу Галю, а тут вот - деда Андрона. Это наши соседи, они через забор живут. Труженики оба - таких поискать. Вы бы видели, как дед Андрон тащит на вилах копну сена: его под сеном не видно совершенно. Идёт копна сама по себе. Клара когда в первый раз увидела - онемела... А это мы с Мишкой возвращаемся с первомайской демонстрации.

— Какого цвета у тебя тут шарик? - спросила Майя у двоюродного брата.
— Синий, - с охотой ответил Миша. Вопрос был вполне конкретным и существенным, поэтому он ответил без труда. А то бывает спросят - ну что им ответить? "Кого ты больше любишь - папу или маму?"

Фаршированная рыба была ещё вкуснее, чем обычно, почти как у Клары, хотя она всегда - вкуснее не бывает. На месте Ларисы Петровны я бы тоже попросил рецепт. А потом - Мишин любимый сок, который он называл автоматным.

По дороге домой, на Сумскую, они бы встретили Зиновия Стольберга. Он зашёл бы в их "пятёрку", туда же, во второй вагон, в начале Пушкинской. Обнялся с Самуилом, поцеловал Мишу, они говорили о Кларе, но Миша этого почти не слышал.

Потому что ужасно хочется полениться... Утром в хате прохладно и спится так хорошо, в перине утонуть - такое удовольствие!.. Мама придёт, увидит, что Миша до сих пор спит, расскажет ему стишок про него самого, который недавно придумала:

Жил да был на свете зайчик

87

По прозванию Лентяйчик.
Грызть морковку не любил,
Только сок морковный пил.

Вчера, придя из лесу, они подарили подснежники маме и Наде, поздравили их с наступающим праздником.
А сегодня уже утро, нужно поздравить с наступившим. Жаль полениться не получится.

XXVII

Самуил первым познакомился с Александром Владимировичем.
- Господи, благослови! - сказал новый пациент.
Короткая бородка с проседью, усы. Гладкие волосы, как у Самуила, только длиннее, тоже зачёсаны назад и тоже тёмные.
Пациент представился:
- Архиеволокоточирепопеньковский. Можно - отец Александр.
У него болели ноги: особенно правое колено, да и левое тоже что-то не очень.
- Что бы это могло быть, как вы думаете, доктор?
Самуил долго записывал фамилию, переспрашивая, где пишется "и", где "е", где "о", где "а", хотя "а" как такового практически не было, и нет ли посередине хотя бы одной чёрточки. Чёрточек не оказалось ни одной.
- Александр... - записал Самуил. - А по батюшке?
- А я сам батюшка, - улыбнулся пациент. - Мой батюшка был Владимиром, причём батюшкой.
Самуил целую вечность ощупывал отца Александра и нашёл у него отложение солей.
- Ноги вам, Александр Владимирович, помассируют, всё как следует быть, - процитировал Самуил маму. - Пройдёте курс лечебного массажа. Но главное - не переедать и двигаться. Иначе - не то что службу отслужить не сможете, а до туалета не дойдёте. Вы, кстати, где живёте?

— В Нижнем, доктор. Меня к вам на бричке доставили. Слава Богу, а то сам бы сегодня не дошёл... Но ходить приходится, уверяю вас. Иногда нужно вставать едва ли не затемно... А я, грешен, поспать люблю, настоящая сова, но иногда выполняющая функции жаворонка. Кстати, вы если у нас бывали - собор наш видели. Красивый такой. Его отовсюду видно, он на пригорке стоит. Называется Благовещенским.

Самуил поразился совпадению. В Харькове - тоже ведь Благовещенский, и цветом такой же, красновато-коричневый, и формой: солидный, Клара говорила "плотный, чуть располневший"... Разве что в нижнянский Благовещенский - на пригорке, а к харьковскому чтобы подойти, нужно спуститься от площади Тевелева по Бурсацкому спуску. В харьковском Благовещенском соборе иконы - работы самого Репина, он жил неподалёку от Харькова, в городке Чугуеве.

Одна из них, икона Марии, всегда отвечала Самуилу на улыбку своей, словно приглашала не забывать, заходить по возможности...

— Я там настоятель, - продолжал отец Александр. - Живём рядом, вы бы навестили как-нибудь. Если, дай Бог, женаты, приходите с супругой, матушка будет рада.

— Спасибо, Клара тоже будет рада, - ответил Самуил. - Ходят к вам люди?

— Слава Богу, - кивнул отец Александр. - И далеко не только старушки, как принято считать. Молодых немало.

Самуил протянул ему листок.

— Вот вам направление на массаж, батюшка. Не забывайте: главное - движение. И солёного поменьше.

— Спасибо, доктор. И на службу милости прошу. Малиновый звон наш - заслушаетесь, лучше любой симфонии.

— Заманиваете в сети? - рассмеялся Самуил.

Отец Александр улыбнулся:

— Ну что вы, доктор! Приобщить обманом к вере нельзя. Обман - следствие бессилия, через него можно привести не к вере, а лишь к знанию, да и то - ложному. А сила ведь не в знании, а в вере.

Улыбнулся и откланялся - бричка ждала.

XXVIII

Выходили из "Победы" вполне довольные. Самуил подумал, что Клара ведь действительно чем-то похожа на эту Вивьен Ли.
- Ну, ещё не известно, кто на кого похож, - заметила Клара, улыбнувшись.
Самуил поцеловал жену и согласился:
- Ах да, виноват: она - на тебя.
Согласился, но, к счастью, не покорно: в его голосе покорности совершенно не чувствовалось - значит, согласился осознанно, решила Клара. И, рассмеявшись, добавила задорно:
- Как карамелька - на шоколадную конфетку.
Самуил снова поцеловал её, и они пошли домой. Идти было недалеко, но достаточно, чтобы поговорить и в очередной раз не наговориться.
- Ты знаешь, Сеня, - сказала Клара, - мне кажется, кино - это всё-таки не искусство...
Самуил удивился:
- Кларонька, ты же говорила, что любишь кино?
- Я же люблю не только искусство, - рассмеялась Клара. - Вот ты, Сенька, например, совершенно не искусственный.
Самуил обнял жену:
- Кларунчик, слушай, говорят, женщины любят, когда им мужчины говорят, что любят их. А по-моему, мужчины это любят не меньше, если не больше!
Клара улыбнулась:
- Многое из того, что мужчины придумали о женщинах, они просто не захотели говорить о себе.
- Интересно, что именно?
Клара положила в рот конфету-подушечку. Такие когда-то давал ей Владимир Фёдорович, когда забирал её из садика.
- Да много чего. И что мужчины любят глазами, а женщины - ушами, - как будто у женщин нет глаз, а мужчины сплошь глухие. И что мужчины рациональны, а

женщины эмоциональны. Сенька, это ты-то у меня не эмоционален?! А я, значит, не рациональна? А что, я вполне даже иррациональна, мама подтвердит!
Когда они отсмеялись, Клара продолжала:
- Вот с чем я согласна, так это с тем, что женщины болтливы. Болтливее женщин - только мужчины. И перед зеркалом мужчины крутятся ничуть не меньше женщин, а наиболее мужественные - даже больше. Ну, что ещё? Ах да: что путь к сердцу мужчины лежит через желудок. Я, между прочим, тоже не откажусь от обеда, хотя моё сердце не находится в непосредственной зависимости от живота.
- Моё тоже! - кивнул Самуил.
Они снова расхохотались.
- А почему кино не искусство, Кларочка? - спросила Лариса Петровна.
Клара задумалась, но ненадолго:
- Там ведь всё показывают, совсем не нужно думать, спорить с самой собой, догадываться.
Лариса Петровна то ли кивнула, то ли пожала плечами - Самуил не разглядел.
- Когда-нибудь мы прочитаем литературу, которая противоположна такому кино...
- Ну, кое-что мы уже и так читали, - возразила Клара.
- Думаю, это - сотая часть... - проговорила Лариса Петровна.
Теперь молчали дольше. Не знали, о чём, хотя очень хотели...
Значит - всё-таки знали.

XXIX

- Приходите ещё, когда будет потребность. - сказал отец Александр. - Впрочем, у вас, слава Богу, кажется, всё хорошо. В храм ведь люди приходят, когда им плохо...
Клара не согласилась (чтобы Клара согласилась?):
- Думаю, как раз наоборот, - сказала она. - Было бы плохо - мы бы туда сегодня не пришли. Спасибо за приглашение, Александр Владимирович.

- Тогда тебе нужно ходить в церковь каждый день, Кларонька! - рассмеялся Самуил.

Клара покачала головой:

- Тогда это войдёт в правило, а я, Сеня, как ты знаешь, из правил люблю только исключения.

Архиеволокоточирепопеньковские жили рядом с Благовещенским собором. В хату нужно было подняться по ступенькам, Клара насчитала их целых десять.

Детей у батюшки с матушкой было трое, все девочки.

- Хотіли хлопця, - улыбнулась матушка, - та де ж його взяти?

- А у нас - сын, как заказывали, - похвасталась Клара.

- Дай Бог йому здоров'ячка! - ответила Вера Михайловна. - Ну, давайте я вам покажу нашу хату.

В хате было так же светло и свежо, как у Нади и как у Ларисы Петровны. И чистота была такая же идеальная: не то что соринки, а даже следа от неё. В этих хатах-домах сорить, наверно, было некому - или просто не хотелось, ни детям, ни взрослым. Только в комнате отца Александра на письменном столе были десятки, если не сотни исписанных листов бумаги, но и они - сложены несколькими аккуратными пачками, так что не валялись, а лежали.

- Пригощайтесь, будь ласка! - предложил отец Александр, когда все четверо сели за стол. - Я с вами посижу за компанию, но мне много есть нельзя, доктор не разрешает. Доктор, ну а один солёный огурчик можно? Бочкові - чудові!..

- В качестве исключения, - кивнул Самуил. - Выпьем за встречу, отец Александр! Спасибо, что пригласили. И за вас, Вера Михайловна!..

Когда выпили и закусили, Самуил снова улыбнулся:

- Здорово тут у вас! Сомневаюсь, что в раю, если меня туда примут, будет лучше.

Вера Михайловна махнула рукой, как будто муху отогнала:

- Та какой рай, Самуил Семёнович, вы что! Нашли, о чём думать! Вам это ещё сто лет не понадобится. Ну, восемьдесят, так точно!
- Не скажи, Вера, - возразил отец Александр, улыбаясь. - Об этом подумать рано никогда не бывает. А то ведь живёт человек, живёт, уверен, что о рае думать ему ещё не время, а там вдруг как-то неожиданно получается, что о рае уже и поздно. Место осталось, но только менее приятное.

Самуил кивнул:
- Уверенность, как показывает опыт, не всегда дело хорошее.
- Смотря в чём быть уверенным, - заметила Клара.
- Иногда лучше - сомневаться, и чем сильнее, тем лучше...

Вареники с сыром были потрясающие, вкуснее всего на свете, даже Надя похвалила бы - хотя Надя похвалила бы в любом случае. Настоящие вареники, разве что сами в рот не прыгали, обмакнувшись в сметану - домашнюю, такую можно ножом резать, не хуже, чем на Сумском базаре. Клара вспомнила анекдот на эту тему, но не рассказала, конечно: всё-таки за столом сидели.

- От сметаны, отец Александр, советую воздержаться, - строго посоветовал Самуил. - Извините, что даю вам рекомендации у вас дома, но мне бы с вами хотелось встречаться где угодно, кроме больницы. Как, кстати, ваши ноги после курса массажа?
- Слава Богу. И вам спасибо, доктор, - кивнул отец Александр. - Вроде лучше стало.
- Ходите, не лежите?

Матушка снова махнула рукой:
- Ой, та що ви! Яке там - лежить! Коли не ходить, то бігає. Спасібі вам, докторе, щоб ви були здорові!
- А что пишете, Александр Владимирович? - спросила Клара. - У вас на столе исписанных листов наберётся на целую книгу.

Отец Александр улыбнулся:
- Это и есть книга. Точнее, будет...

Он задумался - видно было, что о другом, - потом проговорил:

- Вы говорите: уверенность, сомнение... Мне вот как-то одна прихожанка пожаловалась на саму себя: "Как быть, говорит, батюшка? Я не всегда уверена, сомневаюсь. А что ж это за вера такая, если сомневаешься? Наставьте, говорит, укрепите!"
- А вы? - заинтересовалась Клара. - Укрепили?
Отец Александр помолчал, сразу ответить не получилось. Затем сказал:
- Наверно, Кларочка, я - поп-еретик.
Улыбнулся, отложил вилку, снова задумался:
- Если сомневаешься, значит - задумался. А если задумался о духовном - значит, душа не спит, трудится. Иначе, как говорит доктор, будет отложение солей, в этом смысле душа не отличается от коленей.
Он улыбнулся:
- Как вам такой священник? Пастырь Божий поддерживает сомнение в прихожанине. Точно - поп-еретик.
Клара покачала головой:
- Согласна с вами, Александр Владимирович (удивительно - чтобы Клара была согласна?). - Сомнение - признак веры. А отсутствие сомнения - признак безверия, то есть в конечном счёте - неуверенности. Я часто с этим встречаюсь. В жизни ведь идёт постоянная борьба оптимизма, то есть веры, со скепсисом - отсутствием сомнения.
Отец Александр кивнул задумчиво:
- Скепсис - жуткая болезнь. Разрушительная, к тому же заразная, похуже гриппа, _ он улыбнулся Самуилу. - У этой болезни осложнения самые тяжёлые. Скепсис - это и есть безверие... А не сомнение. Да он и глупость тоже. Разве умный человек может не сомневаться? Разве станет он заявлять фанатично "Я уверен, хоть убей!" Такой - сам скорее убьёт, прости Господи.
- Я боюсь фанатиков, - проговорила Клара. - Фанатиков, скептиков и сявок... Пессимистов жалею, а скептиков - даже не жаль.
- Вот видишь, Кларунчик, как получается, - обнял жену за плечи Самуил, - я их лечу, ты защищаешь, отец Александр наставляет и отпускает им грехи. Но и

увереннорсть всё-таки нужна в некоторых случаях, а то что ж это будет за мужчина? Бывает, нужно не сомневаться, а брать быка за рога.
— В некоторых вопросах — конечно, — кивнула Клара. — Например, в тех, что написаны в экзаменационных билетах.
— Ну, эти ответы лучше всего вызубрить, а потом забыть как страшный сон.
Они рассмеялись, махнули на всё рукой и запели "Несе Галя воду" — народную песню, как сказала бы Надя. Самуил запевал, Клара, Александр Владимирович и Вера Михайловна подпевали. Услышав песню, их дочки взбежали по ступенькам в хату, — "В Чапаева, наверно, играли", — сама себе, улыбнувшись, заметила Клара, — сели на диван и тоже стали подпевать.
— Я давным-давно, — сказала Клара задумчиво, — прочитала у Пушкина:

На свете счастья нет, а есть покой и воля.

— Но всё ещё сомневаюсь, правильно ли поняла... Самые главные вещи хотелось бы знать наверняка. Что Миша будет счастлив.
Отец Александр улыбнулся:
— А вот в этом не сомневайтесь, Кларочка. Бог передаёт счастье по наследству.

XXX

Самуил и Миша вышли во двор. Весело и беззлобно припекало солнце, похожее на огромную точку, откуда-то упавшую на небо с ещё более огромной, дружной украинской буквы. И тишина стояла такая же весёлая, позванивающая, немигающая. И жизни впереди было неописуемо, неизмеримо много, как всей его Украины — бесконечной, словно жизнь. Украины, тянущейся куда-то, за кем-то — или просто беспечно протянувшейся, потянувшейся, будто после сна. Хрустнула, сладко потянувшись, ветками-косточками — вот я какая, сама по себе, полюбуйтесь.

И переданного по наследству счастья было - столько же, неизмеримо. Нет ни сил, ни меры, чтобы измерить. Самуил знал это, и намного больше, чем знал, - верил.

Они составляли единую, бесконечную, как этот воскресный день, Троицу. Не различить, не разделить, не провести грань.

Клара смотрела в окно на Мишу и Самуила. Она казалась Мише портретом, только что, свежими ещё утренними красками написанным с этой их Троицы, хотя он тогда не понимал этого... Она улыбалась им, и покой и воля словно перелились из загадочной строчки-чаши и пропитали, насытили Надин двор, хату, пригорки, поросшие спокойной, тихой, неувядающе вечной травой. Ведь лето не может закончиться, а жизнь - вообще только-только началась. И горизонта не видно - его надёжно закрывают невысокие, но надёжные, надёжнее километровых гор, украинские пригорки.

Клара знала всё это, и намного больше, чем знала, - верила.

Только-только начавшаяся их жизнь даже пахла так, как пахнет только украинское село. У этого запаха - несметное количество составляющих, и у каждого есть имя: малина, свежевыбеленные хаты, коровий навоз... Ощутимый на вкус воздух, чернозём... И ещё много-премного таких же изумительных, слегка звенящих, позванивающих запахов. Раз и навсегда перемешавшись, они составили запах украинского села, и у этого запаха нет своего имени, да оно и не нужно ему, ведь ни одно, какое ни постарайся подобрать, сути не передаст и даже не намекнёт на неё, на невыразимую словами суть. И равных этому запаху нет - где ж ему взяться?

Что-то есть в нём тревожное. Или боязливое, может быть... Словами не передашь потому, что слова или чужды ему и из-за них запаха не слышно, или из него самого созданы, а значит те, кто слышит их, слышат и запах, и больше ничего уже и не нужно. А если нужно - то не в словах дело, а, наверно, в том, что по наследству, увы, нечего было передать? Не было наследства - вот в чём причина...

Но как же, как же иначе? Как не заметить звенящее знакомым безымянным запахом счастье? Как не увидеть солнце, громадной жёлтой точкой от укзаинской буквищи ї выкатившееся на голубем парящее над тобой небо и превратившее это обыденное, хотя и необычное ї в радостное, компанейское і? Как не задуматься о значении этой объединительной буквы? О её назначении?

Клара сказала бы: не задумываться над самым важным - это всё равно, что стащить драгоценную монету из собственного кармана и забросить её куда-нибудь за Надин забор-тин.

XXXI

- Ну что, Мишка, кто сегодня на воротах?
- Я Витя, - ответил Миша. - Пусть Коля стоит на воротах. Я буду забивать.

Самуил рассмеялся и отвесил сыну невесомый подзатыльник:

- Мишка, не морочь, как говорит мама, куриные предметы. Витю твоего я в глаза не видел и знать не знаю. Так что, Михайло Самійлович, пойдём к твоему другу.

Коля хорошо играл не только в Чапаева, но и в футбол, всё-таки возраст обязывает: пять лет - это не три вершка от горшка и не кот наплакал. И мяч у него кожаный, не резиновый какой-нибудь. Резиновым только синяки наставишь, да и не солидный он, детский, красный с синим, как два воздушных шарика. А у Коли - мяч как мяч, настоящий, чёрный и, ясное дело, со шнуровкой. Они взялись за руки, Самуил с Мишей, и пошли к Ларисе Петровне, вернее, к Коле.

Сельские петухи один за другим брали неподъёмные ноты, пытаясь исполнить народные или, сказала бы Клара, инородные песни.

- Ах ти ж, зараза! - ещё не успев выйти за двор, услышали они голос бабы Гали. - Що ж ви робити?! А ну пішли геть!!

За воротами происходило странное. Какой-то мужчина в белом костюме и при галстуке и женщина в светлом летнем платье рвали траву, растущую, то есть теперь уже росшую возле дома Обидионов, отбирая эту траву у обидионовой козы. Рядом стояла старая "Победа" такого зачуханного вида, что название "Поражение" подошло бы ей больше. Коза недоумённо смотрела на обирающих её с виду приличных людей и не пожимала плечами только потому, что пожимать было нечем.

Приезжие рвали траву и втыкали её в спущенную покрышку "Поражения".

- Ради бога, извините! - сказал мужчина, распрямившись. - Самим неприятно, честное слово. Простите, пожалуйста! Приехали вот в гости, но не доехали: колесо, будь оно неладно, спустило, а запаски нет. Если не набить его чем-нибудь, хотя бы травой, машина не поедет, будь она тоже неладна.

Бабу Галю немного отпустило.

- А-а, - сказал она. - Ну, рвіть тоді, що ж робити...

На крики вышел дед Андрон.

- А ви до кого? - спросил он с подозрением, но зла явно не держа.

- К Ларисе Петровне Косаченко, - сказала женщина. - Я у неё училась, меня зовут Люба. А это - Веня, мой муж.

- Вениамин , - представился мужчина.

- О, уважаемые, так нам с вами по пути! - воскликнул Самуил. - Мы как раз к Ларисе Петровне, вернее, к её внуку Николаю Фёдоровичу. Тётя Галя, дядя Андрон, нехай люди нарвуть вашої травки, у вас нова виросте!

- Нехай, - махнула рукой баба Галя. - А то ніколи не доїдуть. Я ж думала, тут злодій якийсь, а воно ось як.

- Мита, давай поможем гостям! - предложил сыну Самуил. - Тут, кстати, братцы, совсем недалеко: прямо и направо, вторая хата от угла.

- Так мы вас подвезём!

- Спасибо, мы пойдём пешком: ваша "Победа" четверых не вынесет, - рассмеялся Самуил.

Помогли, и "Поражение", снова на время ставшее "Победой", сдвинулось с места и, к удивлению Обидионов, поехало - точнее говоря, теперь снова поехала - вперёд. Туда же, попрощавшись с Обидионами, пошли Самуил с Мишей. Обидионовская коза вздохнула с облегчением, покачала головой - чого тільки не буває, люди добрі! - и принялась за привычное дело. А Обидионы пошли домой, работы - по самі вуха, а тут - якась дурна машина не на бензині, а, прости господи, на траві. Ну ви таке коли-небудь бачили, га?

XXXII

Троллейбус будет плестись, а пешком до Сумского рынка - рукой подать. Пройтись, не торопясь, хотя совсем не торопясь не получается, за столько лет вечной спешки - в институт, на работу, домой - приучаешься ходить быстро, даже никуда не спеша...

До Сумского базара можно быстро доехать на трамвае, но зачем же? - тут всего ведь ничего - одна остановка, приятнее прогуляться. Подумать о чём-нибудь, тоже не терпящем суеты. Таким чудесным утром не спешится, даже если ноги по привычке спешат, словно на работу, да и домой, конечно, тоже...

Ей было 16 лет, когда они поженились, ему ненамного больше. Такую красавицу - поискать не только в маленькой Речице, но и Гомеле. Да и зачем искать, если уже нашлась?..

Они уехали в Харьков. Когда ей было 19, родилась Клара. Мария училась в строительном институте, на Сумской, в самом центре. Когда Кларе было 6 лет, как раз напротив института открыли памятник Шевченко. Говорят, такого больше нигде в мире нет. Зиновий учился в технологическом, почти напротив Пушкинского въезда, в старом корпусе, ещё дореволюционной постройки...

Развелись они потому, что нашла коса на камень. Кто был косой, кто камнем - как всегда оказалось неясно. Впрочем, кого это в тот момент интересует? Ну да, не момент, это всегда тянется какое-то время, у одних дольше, бывает, что всю жизнь, у других меньше. Камню не хочется ощущать себя камнем, коса устаёт чувствовать себя косой...

Потом Мария встретила Володю, Владимира Фёдоровича.

Зиновий, тоже потом, встретил Берту, Берту Павловну. Точнее, хотя не лучше - Файвелевну.

Что поделать с несущимся неизвестно куда временем, торопящимся улететь от тебя, даже когда ты стараешься заставить себя никуда не спешить? Суетливо убегающим, как испуганная, поджавшая хвост, нашкодившая собачонка?..

Клара закончила школу с золотой медалью, институт - с красным дипломом.

У них с Самуилом - две медали на двоих: золотая и серебряная. И два институтских диплома, один из которых - красный.

Что поделать с порывом ветра, налетевшим на старый круглый стол, сдувшим с него лист - возможно, тетрадный, возможно - кленовый, унёсшим его неизвестно куда, и ты смотришь через плечо, смотришь, всматриваешься - и не видишь этого листка, а потом и стола уже не видишь. Сначала наверняка помнишь, что они были, потом сомневаешься - неужели были? - потом и вовсе забываешь и вспоминаешь, если только тебе кто-нибудь напомнит. А потом - притворяешься, что удалось вспомнить...

Хотя что такое 45 лет?..

Хотя что такое 48?..

Позавчера от Клары пришло письмо. День Победы будут встречать всей компанией - несколько десятков человек. Летом вряд ли приедут... С одной стороны, это правильно: ребёнку там замечательно: воздух, свои овощи и фрукты... Фотографию вложила: "Дорогой мамочке от Клары"...

Фотографию прислала: "Любимому папке от Клары"...

- Здравствуй, Мария.

А вот и трамвай - зачем плестись с сумками пешком целую остановку.

- Здравствуй, Зиновий.

Придётся идти на троллейбус: не тащиться же с сумками целую остановку.

XXXIII

Если удовольствие можно с чем-то сравнить - это, конечно, удовольствие, но не самое большое. Играть в футбол, когда на воротах сетка и поэтому мяч не просто пролетает между штангами, а влетает в сетку - такое удовольствие ни с чем сравнить невозможно. А в дыр-дыр - это просто удовольствие, хотя и большое - конечно, если играешь с кем надо.

Просто удовольствие - но огромное. Самуил нашёл два камня, поставил их вместо штанг и сказал:

- Играем до гола, сначала мы с Колей водимся, Миша на воротах. После гола - меняемся: водимся с Мишей, Коля на воротах. А ещё после гола - я на воротах, вы водитесь.

Поляна была ровная, трава густая, а это - главное для травы, тогда падать не только не больно, но и приятно. На склоне паслись коровы, пастух прикорнул - пасторальная картина. Коровы с безмятежной вялостью обмахивались хвостами, словно веерами. "Махи обнажённые", - сказала бы Клара, хотя что она только нашла в этом Фейхтвангере? Солнце было по-утреннему самое что ни на есть футбольное. Играй не хочу.

- Вратарь кепка, держит крепко! - говорил Самуил, отбивая мяч, когда стоял в воротах. А если забивал, то говорил чуть иначе:

- Вратарь пепка, ловит крепко!

Играли, как всегда, взахлёб. Самуил финтил, но и завести мяч в самые ворота не удавалось: соперник, сколько ни обводи его, успевал прыгнуть под ноги и вытолкнуть мяч. А если этот самый соперник отбирал мяч, то изо всех сил замахивался, но обычно по мячу не попадал и садился на мягкое место.

Еле-еле душа в теле Самуилу удалось забить гол, когда вратарём был Миша. Поменялся соперниками, снова финтил изо всех сил, обыграл Мишу, выскочил к воротам. Почти уже забил Коле гол, как вдруг с пасторального склона раздался вопль, по неожиданности и силе сравнимый разве что с недавним криком Галепихи.

- Бугай!!! - голосом насмерть перепуганной коровы завопил или даже взвыл пастух.

Самуил понял - как не понять - что склон был в действительности не таким уж пасторальным, потому что паслись на нём, оказывается, не только почти божьи из-за своей безобидности коровки, но и немыслимо громадный племенной бык размером с не вымершего динозавра. Как Самуил раньше не распознал быка в этом великане?

- Тiкай хто може!!! - верещал пастух, а вниз по склону, прямо на них - Самуила и пацанов - танком Т-34 нёсся не просто бугай, а какое-то озверевшее, сбежавшее прямо с корриды бронтозавроподобное чудовище.

Самуил схватил пацанов под мышки и со всех ног бросился домой.

- А м'яч?!.. - пискнул Коля. - М'яч забули!..

- Вечером заберём! - задыхаясь от нечеловечески быстрого бега, прохрипел Самуил. - Обязательно вернёмся... Побежали, хлопчики, побежали, мамы ждут уже!..

Бежалось гораздо тяжелее, чем игралось, хотя и игралось не без труда, но тогда хоть бык не гнался... Говорят, в Испании бык гонится за целой толпой, люди от него убегают и радуются непонятно чему, как ненормальные. Наверно, тому, что бегают быстрее быка. Но Самуил сейчас не ощущал в себе ничего испанского. Он вообще уже ничего не ощущал, даже тяжести: только желание спасти пацанов, даже не себя, о себе как-то не думалось. Чего, спрашивается, этот чёртов бык с цепи сорвался? Может, что-то его не в то место укусило?.. Если где-то болит - запишись на приём, квалифицированная помощь гарантирована. Может, одна из пасторальных девиц не оценила по достоинству его достоинства? А мы-то чем можем помочь? Мы же не международная лига... как это у Ильфа и Петрова?.. С этим чёртовым зверюгой классику забудешь.

На немыслимо громкий стук ногой Надя с Кларой открыли ворота. Самуил влетел, поставил детей на землю, запер ворота на засов - наверно, на случай, если осатаневший бугай вздумает брать ворота штурмом.

- Господи боже мій!! - прошептала или прокричала - он не обратил внимания - Надя.
- Сеня, что случилось?! - успокаиваясь, проговорила Клара - дети были в явном порядке, особенно Миша. Коля плакал, но не навзрыд.
- Один ноль, - выдохнул Самуил. - Сравнять счёт не удалось виду экстраординарных обстоятельств. Ни с того, ни сего за нами бык погнался. Вот, пришлось...
- Понятно. Взять быка за рога и ретироваться в срочном порядке, - закончила фразу Клара. - Коленька, что случилось?
- Що трапилось, дитинко? - встревоженно спросила Надя и погладила Колю по голове.
- М'яч загубили!.. - разревелся Коля уже всерьёз.
- Не реви, Миколо! - сказал Надин муж, выходя из хаты во двор. - Ти - мій тезка, а я ніколи не реву, навіть коли п'ю оту гірку гадость. А що трапилось?
- Та бугай за ними погнався, - объяснила Надя.
Микола цвыкнул и покачал головой:
- От падлюка! Не наздогнав?
- Если бы догнал, - ответил Самуил, - нас бы тут сейчас не было.
Микола снова покачал головой:
- А от ти неправий, Самійловичу. Бугая лякатися не треба. Знаєш, що треба робити, якщо на тебе бугай нападає?
- Самуил поступил единственно правильным образом, - ответила за мужа Клара. - В таких случаях нужно убегать куда глаза глядят, схватив в охапку кушак и шапку. А в первую очередь - детей.
Она прижала к себе Мишу.
Самуил поцеловал Клару, Мишу и Колю:
- За м'ячем обов'язково повернемось, я тобі обіцяю.
- Та ви що! - воскликнул Микола. - Хіба ж можна від нього вбігти? Дожене падлюка і забодає!
- Ну, и что вы предлагаете? - строго спросила Клара. Самуил подумал, что Мария Исааковна тоже иногда у него так спрашивает - на другую тему, конечно, но похоже.

- А треба лягти на землю и чекати на нього, - пояснил Микола.
- Вы серьёзно или издеваетесь? - спросила Клара. - Что значит лежать и ждать? Чего ждать?! У моря погоду?! Так можно до конца жизни ничего уже не дождаться.

Микола с видом знатока-профессионала покачал головой и сказал убеждённо:
- А як він підійде і захоче вас боднути, ви його, падлюку, хапайте двома пальцями за ніс, отак, за ноздрі, і тримайте. Так держіть його, гада, щоб він не вирвався. Знаєте, бугаям же, щоб їх утихомирите, кільце вставляють у ніс. От і ви його держіть за його чортів ніс, як за те кільце.
- Так сколько ж его так держать? - осведомилась Клара, уже улыбаясь. - Пальцы же не кольцо.

Микола снисходительно улыбнулся - наверно, он в своей жизни не одного быка усмирил двумя пальцами:
- Отак годинку продержіть його, він замориться і сам, зараза, захоче втекти додому.
- А как узнать, что он устал? - уточнила Клара, начиная вникать в суть предложения. - Бык, насколько я знаю, ни украинским, ни русским языками не владеет.
- Та ви ж по очах побачите, - пояснил Микола. - Очі не збрешуть!

У Клары снова началась истерика: она представила себе честные бычьи глаза и быка, уставшего от чужих пальцев и покорно уходящего домой от своего образованного обидчика. Коля забыл об оставленном на произвол судьбы мяче и принялся хохотать за компанию. И все остальные - тоже, особенно Микола.

XXXIV

Май Клара любила больше всего, хотя другие месяцы она любила не меньше. Говорят, кто в мае родился, тот будет всю жизнь маяться, но она родилась в январе, а май - просто лучше всех. Вернее говоря, ещё лучше.

Май - это сирень, запах которой напоминает - как будто она, смешно даже, могла забыть! - об их знакомстве, и такие же любимые яблони, и праздник, которому в этом мае исполняется 10 лет - даже не верится, что уже целых десять. Только что все вместе рыдали от радости на площади Дзержинского, кричали, но всё равно не охрипывали... не охрипали... да ладно, и так ведь понятно, - и вот уже - 10 лет, возраст октябрёнка!

Лариса Петровна пригласила множество народу.

Во дворе накрыли огромный стол, вернее, несколько больших столов, составленных вместе и накрытых белой скатертью. Фёдор, Микола, Самуил, Вениамин потрудились на славу. Погода была - лучше не придумаешь, всё-таки 10-я годовщина Победы, так что обошлись, слава богу, без навеса.

- Ну, як робота, Сєня? - спросил Фёдор. - Роботи багато?

- Багато, братці! - ответил Самуил своим певучим голосом. - Безробітним, видно, не буду.

Разве может у врача быть мало работы, к сожалению? Ну, и в какой-то степени, к счастью тоже. То тут заболит, то там, то одного прихватит, то другую не отпустит. Накануне вот племянник Васьки Твердохліба пожаловал - пожаловался, что спина чешется, аж зудит, зараза. Оказалось - ожог заживает, оттого и чешется. А отчего ожог, спрашивается? Еле смог выудить: Васька почти ничего не помнил. Оказывается, костёр в лесу развели на троих, и так после рыбалки согрелись, что Васька закатился в этот костёр, еле его вытащили. Как только остальные двое туда же не позакатывались - одному богу известно.

Лариса Петровна, Аня, Клара, Надя, Люба расставляли тарелки и всё остальное, что полагается.

- Лариса Петровна, - заинтересованно сказала Люба, - я недавно прочитала: оказывается, у нашей Марко Вовчок и Писарева была несчастная любовь. Пишут, что она не ответила ему взаимностью. Он вроде бы из-за несчастной любви и погиб... Вы нам об этом не рассказывали. Наверно, потому, что Писарев - не украинский писатель? А Марко Вовчок мы с вами проходили.

Лариса Петровна ответила не сразу - как раз ставила на стол большую тарелку с солёными огурцами.

- Хотела, Любаша, чтобы вы читали их, а не о них. По-моему, это намного полезней. Да и интереснее, по правде говоря. А ты как думаешь, Кларочка?

Клара задумалась, обняла Любу за плечи. Потом ответила:

- Мне о них совсем неинтересно, разве что они сами про себя что-то написали. Человек знаменит тем, что создал, а не просто сам по себе, за редким исключением... До войны я собирала марки, они в войну все пропали, и монеты тоже. На марках британских колоний у меня был портрет королевы Виктории. Вот она была знаменита сама по себе, а создать - ничего не создала. А писатель - такой же человек, как мы с вами, единственное, но существенное его отличие от нас - книги, которые он написал. Чем же ещё он может быть интересен? Согласна, Люба?

Люба кивнула - возможно, для вежливости.

- У моих подзащитных, - продолжала Клара, чтобы убедить Любу и, наверно, себя заодно, - столько интересных историй, ничуть не хуже тех, что у любой знаменитости. Только и разница, что те - знамениты, а эти - нет. Поэтому меня в писателе интересуют только его произведения, а личная жизнь - это его личное дело. Даже если бы она была какой-то невероятно захватывающей, мне она неинтересна, у меня есть своя, да ещё какая!

Женщины рассмеялись, особенно Аня с Любой.

- Вот, скажем, мой любимый Лермонтов, суда по тому, что нам рассказывала экскурсоводша в Пятигорске, был, мягко говоря, очень непростой товарищ. И любовь у него жуткая, и характерец - будь здоров, - ну и что? У меня тоже и характерец, и любовь, Сеня может подтвердить. Но мою личную жизнь никто, слава богу, не исследует, и в честь моей личной жизни мой бюст у меня на родине никто не устанавливает. Хотя уверена, что мой бюст произвёл бы неизгладимое впечатление.

Ольга Петровна расхохоталась так, что мочёный кавун покатился со стола, Люба едва успела подхватить его, хохоча от этого ещё больше. Аня принялась икать, пришлось отпаивать бедную женщину квасом её собственного приготовления. Лариса Петровна вытирала слёзы, а они не вытирались - текли новые.

- Единственное, но существенное наше различие состоит в том, что Лермонтов писал стихи, причём вроде бы неплохие, - Лариса Петровна улыбнулась и кивнула, - а я - адвокат. Но думаю, что наши личные жизни в равной степени личные и потому никому, кроме нас, интересны быть не должны.

Стол был накрыт, можно было отдохнуть и отдышаться от смеха. Сели на скамейки, ожидая гостей.

- Правда, - поддержала беседу Люба, - все вокруг едины в том, что есть обойма великих, и в ней ни прибавить, ни убавить. А каждый, кто зачислен в обойму - вроде как неприкасаемый, поэтому ничего плохого о нём говорить нельзя. Великий - велик во всём. Вот Писарев в обойму не входит. А Пушкин с Лермонтовым - в обойме.

Клара кивнула:
- Вот именно. И Бенедиктов мой тоже не входит. Хоть бери и создавай ещё одну обойму, а то ведь любое не то что сомнение, а даже простое обсуждение членов главной обоймы чревато тем, что тебя не поймут, - вернее, как раз поймут, причём, к сожалению, вполне правильно.

Лариса Петровна проговорила задумчиво:
- Знаете, девочки, что я думаю?..
Она не торопилась, и её не торопили.
- Вот что я думаю, - продолжала Лариса Петровна, - есть живые, и есть мёртвые... Мёртвые тоже есть, как показывает опыт...

Она собралась с мыслями, потом проговорила неторопливо, хотя вовсе и не подбирая слов - они как будто подбирались сами собой:
- Сомнение - это удел живых. И спор, несогласие, пух и перья - это счастье тех самых живых. А чугун, неприкасаемость - удел мёртвых... Я думаю, пусть мёртвые сами друг друга хоронят и не трогают живых. Да, именно - хоронят. Пусть их, мёртвых, такие же мёртвые отливают в чугуне, пусть на видном месте их ставят в виде бюстов и прочих частей тела. Пусть к ним возлагают

неживые цветы. А мы с вами и наши любимые, в том числе наши любимые писатели, - они-то ведь живые.
— А если нелюбимые? - тихо, но уверенно уточнила Клара (чтобы Клара - не уточнила?).
— Нелюбовь, - улыбнулась Лариса Петровна, - это живое чувство. Нелюбимые - тоже живы... Знаете, кроме физической расправы, самый надёжный способ убить - это отлить в каком-нибудь чугуне или других аналогичных материалах. То есть - забыть.
Помолчали.
— Давайте я вам прочитают моё любимое стихотворение Лермонтова, - сказала Ольга Петровна. - Думаю, он изобрёл новый стиль, сам того не зная...
Она тихо и медленно прочитала наизусть:

> В полдневный жар в долине Дагестана
> С свинцом в груди лежал недвижим я;
> Глубокая еще дымилась рана,
> По капле кровь точилася моя.
>
> Лежал один я на песке долины;
> Уступы скал теснилися кругом,
> И солнце жгло их желтые вершины
> И жгло меня — но спал я мертвым сном.

Лариса Петровна кивнула и продолжила:

> И снился мне сияющий огнями
> Вечерний пир в родимой стороне.
> Меж юных жен, увенчанных цветами,
> Шел разговор веселый обо мне.
>
> Но в разговор веселый не вступая,
> Сидела там задумчиво одна,
> И в грустный сон душа ее младая
> Бог знает чем была погружена;

— Помнишь, Кларочка? - спросила у Клары Лариса Петровна.

Улыбнувшись, Клара продекламировала заключительное четверостишие:

И снилась ей долина Дагестана;
Знакомый труп лежал в долине той;
В его груди дымясь чернела рана,
И кровь лилась хладеющей струёй.

- Видите, девочки, - сказала Ольга Петровна, - юноше-солдату снится любимая девушка, которой снится он, её любимый, которому снится она... И вправду: какое нам дело до личной жизни такого писателя, если всё, что он хотел, чтобы о нём знали, он нам написал?
- И как можно, - продолжила Лариса Петровна, - отливать его во всяких там драгоценных и недрагоценных металлах? Да и разве может металл быть драгоценным?
Ольга Петровна кивнула и продолжила:
- Этому жанру пока нет названия. Лермонтов так вырвался за рамки собственного времени, что критика за ним не поспевает, и коллеги-писатели тоже.
- Кто знает, - проговорила Люба, - может, кто-то из писателей успел, только мы ещё об этом, к сожалению, не знаем?
Лариса Петровна кивнула...
Миша слушал, ему было интересно, хотя пока вряд ли понятно.
"Пока - всегда лучше, чем наоборот", - сказала сама себе Клара...

XXXV

Клара обвела взглядом длинный стол, сидящих за ним многочисленных гостей. И подумала, что сейчас в каждом дворе их Верхнего и соседнего Нижнего, в каждой харьковской квартире, в каждой квартире по всей стране, в каждом дворе собрались люди. Где-то больше, как здесь, где-то меньше, как у них на Сумской, 82, но обязательно собрались - как в такой день не собраться?
На каждом столе - салат оливье, винегрет, колбаса, нарезанная тонкими кусочками - наверно, чтобы было

побольше, потом - что-нибудь горячее, у кого как: например, у мамы - потрясающее жаркое. И бутылок - обязательно батарея, Владимир Фёдорович сказал бы "артиллерийская".

На некоторых - фаршированная рыба. Мама готовит фаршированную рыбу как никто, кроме, конечно, Клары. Лариса Петровна с Клариной помощью освоила это искусство, и Ольгу Петровну научила, хотя той всё-таки интереснее было готовить что-нибудь более привычное и не менее вкусное. Фаршированная рыба - это ведь произведение искусства.

Кстати, как правильно: "фарширование" или "фаршировка"? Клара улыбнулась, вспомнив, как Милка спросила у неё однажды перед уроком русского языка:

"Кларка, а как правильно сказать: "у рыбей нет зубей, у рыбов нет зубов или у рыб нет зуб?"

Они все, даже круглые отличницы, побаивались своей русачки, которую называли Девица как Роза, поэтому соображать перед Девициным уроком Клара толком не могла и, задумавшись, проговорила обеспокоенно:

"Ой, а правда - как будет правильно, Милка?"

Милка расхохоталась, тоже мне, шутница, и ответила, убегая на урок:

"Стольберг, приди в чувство: у рыб зубы есть!"

Клара тоже расхохоталась и бросилась за ней, крича вслед:

"А вот у тебя, Файбусович, сейчас зубей точно не будет!.. И зубов тоже!"

И ещё - картофельные оладьи. Владимир Фёлорович их обожает, и Фельдманы тоже: Рита Фельдман, она чуть старше Миши, на них просто помешана. Мария лучше всех готовит картофельные оладьи: не какие-то там размокшие галоши, а настоящие, хрустящие.

"Володя, чему ты учишь детей? Следи за своим языком! Разменял шестой десяток, а разговариваешь, как будто тебе десять в лучшем случае".

Владимир Фёдорович улыбнётся миролюбиво, как всегда:

"Ничего я не разменивал. Нет у меня никаких десяток на размен".

Даниил Саввич захочет улыбнуться из солидарности, но вряд ли осмелится. Только Фира Марковна позволит себе, да и то незаметно.

"Мама, ну что такое для мужчины 51 год? Разве это возраст, прости господи? Так, одно название".

Мария Исааковна нахмурится, и Клара моментально исправит чуть было не допущенную ошибку (чтобы Клара не исправила?):

"Мамочка, а ты знаешь - ты ведь моложе даже Джулии Ламберт, а её все окружающие молодые люди считали практически своей ровесницей и были бешено в неё влюблены".

Мария Исааковна снова нахмурилась, но теперь - совсем иначе:

"А кто это?"

"Главная героиня романа Сомерсета Моэма. Такая вся из себя светская дама".

Мария Исааковна наставительно усмехнулась:

"Дочка, я член партии с 42-го года. А ты зачисляешь меня в какие-то абстрактные дамы".

"Мамочка, ты у меня - дама, и самая что ни на есть конкретная! Не похожая ни на какую другую даму. Все остальные в сравнении с тобой - всего лишь маленькие несущественные дамочки и пешки, пролезшие в дамки!"

Мария Исааковна не успела бы ни возразить, ни согласиться (чтобы Мария Исааковна согласилась?), потому что Самуил провозгласил тост:

"Выпьем за мою тёщу! Только я заслужил такую тёщу!"

И в доме на Доброхотова тоже накрыт стол. А фаршированную рыбу мама - и Клара, конечно, - готовят лучше всех. Опыт и практика - великое дело, как говаривал персонаж Григория Сковороды. Выпивки у них, ясное дело, намного меньше - мамина наливка, вот и вся выпивка. Был бы тут Мулечка, было бы кому поддержать компанию... Хотя, нет, чуть позже должен прийти Изя, Мулин двоюродный брат, со всем своим семейством, значит добавится что-нибудь посолидней наливки.

Гости постепенно собирались, целовались и обнимались со всеми, рассаживались, разговаривали кто о чём, как разговаривается только в праздники.

— Представляю, как вам тяжело, — тихонько сказала Клара, наклонившись к Ларисе Петровне. — Школа, тетради, и хозяйство такое большое. Да ещё и стол огромный накрыли, спасибо вам!

— А ты знаешь, Кларочка, — так же тихонько ответила ей Лариса Петровна, — я у себя в огороде и в саду отдыхаю. Мама рассказывает, что и у неё раньше так же было. Отдохну после школы в огороде — и тетради проверять. Да и Анечка мне помогает. Даже не помогает, а на равных. И сегодня — разве бы я без неё управилась? И тебе, солнышко, тоже спасибо за помощь!

Клара незаметно пожала ей руку.

— Вы обязательно говорите, если что! Мы рады будем вам помочь. Самуил, например, лучше всех уничтожает колорадских жуков. Он и меня научил, как ни удивительно!

— Да вы ведь тоже вкалываете слава Богу, — отозвалась Лариса Петровна. — Ну, вроде бы все собрались.

Она встала, подняла рюмку с наливкой, мужчины и некоторые из женщин — не Клара, конечно, у неё тоже наливка, — гранёные стопки с Миколиним произведением, совсем не крепким — якихось 70 градусів.

— Що тут сказати, люди добрі? — улыбнулась гостям Лариса Петровна. — З найважливішим вас усіх святом! С самым важным праздником всех вас!

Долго чокались каждый с каждым, выпили, долго молча закусывали. После первой всегда закусывается молча.

— А правда ведь, — сказал после паузы Никифор Фёдорович. — Не было бы у нас этого праздника — не было бы и остыльных. Ни Нового года, ни Первого мая...

"Ни Октябрьских, сказал бы Владимир Фёдорович", — подумала Клара и улыбнулась про себя, потому что представила себе, что ему на это скажет Мария Исааковна.

- Да и праздновать было бы некому, - грустно усмехнулся Иван Дормидонтович.
- Господи, Боже мій... - проговорила Ольга Петровна. - Голод, війна... Як же ми все-таки все це пережили?...
- Хто пережив, мамо, а хто й не дожив... - вздохнула Лариса Петровна. - Ой, Господи, ви ж знаєте, скільки людей загинуло...

Ольга Петровна невесело покачала головой:
- Не знаємо, донечко... Ніхто не знає... Знаємо тільки, що дуже, дуже багато... От і батько твій, Царство йому Небесне... А скільки?.. Може, оці діти колись будуть знати. Тільки нас тоді вже не буде на світі... А їм - дай Боже здоров'я!

Выпили по второй, по третьей - да кто их там считает.
- Я тут згадала, - вспомнила Ольга Петровна, - про бабу Нацю.
- О ком? - улібнулась Клара.
- Та була у нас така баба Нація, товста така, трамбала. Померла після війни, Царство їй Небесне... Так от, у їхній хаті у війну цімці жили. Вона, бідолага, прала їм, ну, то есть стирала, годувала. А що поробиш? Треба жити, у неї ж - діти, онуки малі... От вона якось зварила борщ, поставила німцю повню тарілку. Він почав їсти - а борщ такий смачний.

Клара подумала, что Миша давно знал: вкуснее борща нет ничего, разве что холодная котлета с горячим борщом.

Ольга Петровна продолжала:
- Ну, німець їсть і питає у баби Наці: Was ist das? "Що це таке? Як називається?" Баба рукою на фашиста махнула, каже: "Жри мовчки, гад". Німець качає головою, язиком цокає: "Гут, гут жеремочки!"
- А как же "гад"? - заметила Клара.

Ольга Петровна пожала плечами:
- А чорт їх знає, цих українців, де в них "гад", а де "ага".
- Бідні фашисти! - поддержала её Лариса Петровна.

113

Посмеялись. Произнесли, кажется, все возможные тосты, - хотя, если есть что выпить, тост обязательно найдётся.
Разговорились, как всегда бывает в настоящий праздник.
Становилось шумно, стол разделился на группы беседующих о своём - иначе и быть не может, когда стол такой большой: на то он и большой стол, а не какой-нибудь кухонный - перехватил и побежал. Краем уха Клара услышала новость: у Фроськи Пукало, её бывшей подзащитной, народилася дитина - дівчинка, назвали, кажуть, Люба...
Чтобы снова всех объединить, нужен был соответствующий тост, но для этого нужно сначала как следует поговорить. "Именно как следует", - подумала Клара. "А не прилгнувши, как сказал классик, хорошей беседы не бывает", - подумал вместе с ней Самуил.
- Ты воевал, Сеня? - спросил Иван Дормидонтович.
- Та він же молодий ще, - ответил за Самуила Никифор Фёдорович. - В эвакуации был, Сеня?
Самуил кивнул:
- В Аркуле, на Волге.
- Чем занимался там? - уточнил Иван Дормидонтович. - В школу, наверно, ходил?
Самуил то ли улыбнулся, то ли усмехнулся:
- Школу я потом заканчивал в Луганске. А в Аркуле - вкалывал понемножку. Кто не работает, тот, как известно, не ест. Правда, бывало, что поесть не удавалось, только по другой причине: руки были заняты.
Никифор Фёдорович вмешался:
- Ты, Иван, вместо того, чтобы допрашивать интеллигентного человека, лучше мне скажи: вот сколько ты сам положил фрицев?
- Что?! - почти подскочил Иван Дормидонтович. - Та я, чтоб ты знал, от Сталинграда до Берлина дошёл!!
Никифор Фёдорович слегка улыбнулся и продолжал не торопясь - а куда торопиться, раз такой интересный разговор:
- Та ты б и дальше пошёл, если б тебя не остановили. И за Берлином же люди как-то живут,

бедолаги. Ты мне, Ваня, зубы не заговаривай. - Эту фразу он произнёс почти как в Клариной любимой "Свадьбе", только там вместо "зубы" говорили "зубов" - не "зубей", как "у рыбей", а "зубов", как "у рыбов", что ли? - Зубы у меня, слава богу, не болят. Ты мне прямо скажи: сколько ты лично застрелил фрицев? Если не считал - так и скажи: не считал, кто их там считает.

Иван Дормидонтович, с лицом, багровым, как скатерть на столе президиума, пытался что-то произнести, но слова застревали у него даже не во рту, а где-то ниже горла - "это уже по твоей части, Сеня", - заметил Никифор Фёдорович, стараясь казаться безразличным.

Прокурор что-то пробулькал в ответ и выпил полную стопку самогона без тоста и закуски.

- Ну, не можешь сказать, - почти хохотал, но всё ещё сдерживался адвокат, - так покажи хоть на пальцах. Если покажешь дулю, будем знать, что троих.

- Ах ты ж гад! - выдавил из себя Иван Дормидонтович, - та у меня наград - больше, чем у тебя волос в твоём длиннющем носу!..

Но Никифор Фёдорович обнял его за плечи и сказал совсем другим, обычным своим тоном:

- Не нужны мне, Ванька, друг, твои пальцы. Давай лучше выпьем за 10 лет Победы... Сейчас бы тост хороший!.. Кларочка, скажешь?

Клара поцеловала Мишу, послушно, как хороший мальчик, сидящего рядом, и начала говорить - тихо, но все слушали и всё слышали, и отец Александр слышал, хоть сидел на другом конце стола.

- Наверно, месяц такой особенный, необычный... Другого такого месяца нет... Остальные одиннадцать - замечательные, но только в мае цветёт сирень, и яблони в цвету - настоящее чудо!.. Вот и Победа наша - чудо. Чудо, я думаю, это не то, что само собой свалилось как снег на голову, - да и какой снег в мае? - улыбнулась Клара. - Чудо - это то, чего ждёшь не дождёшься, во что веришь, хотя вроде бы и не верится, contra spem sperro.

Отец Александр кивнул и улыбнулся.

- За наше Чудо! - подняла Клара свой фужер.

Все выпили: одни - Анину наливку, другие - Миколин коньяк, третьи - компот Ларисы Петровны.

XXXVI

На Маяковской, у Зиновия и Берты, тоже за столом было в тесноте да не в обиде. Правда, стол был небольшой, намного меньше, чем во дворе у Ларисы Петровны.

- Ты на меня, Зяма, не обижайся, - говорил Яков Аронович Гельфанд, закусывая селёдкой очередную стопку, - но что бы твоя пехота без нас делала?

Зиновий улыбнулся и снисходительно, хотя и по-дружески, заметил:

- Ну, Яков Аронович, при всём уважении к артиллерии, без пехоты артиллерия потеряла бы смысл.

Яков Аронович то ли мудро, то ли и ехидно усмехнулся:

- А зачем нам какой-то там непонятный, как ты говоришь, смысл, если без артподготовки вы и носа из своего окопа не высунете?

- Ну, мы тоже не лаптем щи хлебали, и нос при необходимости очень даже высовывали, - заметил Михаил Петрович Драгончук. - Так что вы, Яков Аронович, не перегибайте палку.

Выпили по очередной. Женщины не возражали, даже по такому случаю - наоборот.

- Кому она твоя палка нужна, чтобы её перегибать! - продолжил Яков Аронович. - Я тебе скажу, Михал Петрович: мы на работу шли, как на праздник. Стреляли в перчатках, между прочим. А после хорошей артподготовки - танки с пехотой уже шли в своё удовольствие, почему ж не пойти?

- Предлагаю выпить за то, чтобы у нас этого удовольствия было поменьше! - разредила обстановку Берта.

- А вы, Яша, - после паузы спросила Берта у Яши Гольдмана, коллеги Зиновия, - где воевали?

- Я был, как говорится, сыном полка, - усмехнулся Яша.

Он помолчал и продолжил:
- Из дома сбежал, мне тогда 13 лет было. Воевал в штрафбате. Под Сталинградом... У нас там были в основном зэки. Ими, кстати, руководил пахан, они его слушались беспрекословно, больше, чем комбата. Комбат прикажет - они выполняют, но только если пахан даст добро. Правда, воевали, я вам скажу, как звери. Думаю, никто, как они, не воевал...
Лена Гольдман предложила выпить по этому поводу:
- Земля им пухом!.. - сказала она, и все выпили, не чокаясь.
Ольга, жена Михаила Петровича, вздохнула:
- Пять с лишним миллионов полегло, господи боже мой... Столько народу даже представить себе невозможно...
Яков Аронович покачал головой, то ли соглашаясь, то ли возражая:
- Когда мы брали Берлин - если бы не полегло много - а полегло, я вам скажу, очень много, - то полегло бы намного больше.
Помолчали, но недолго.
- Вы освобождали и Освенцим, Яков Аронович? - спросила Ольга.
Яков Аронович кивнул:
- Может, книгу когда-нибудь напишу... Интересного там, правда, мало, но не всем же книгам быть интересными.
Он улыбнулся и поднял полную стопку:
- За царицу войны!
- Я так и знал! - рассмеялся Зиновий, чокнувшись с Яковом Ароновичем.
- Что ты знал, шлемазл? - удивился тот.
- Да то, что мы наконец-то с вашей подачи выпьем за пехоту.

XXXVII

Многие, премногие даже, старались описать украинскую ночь - но разве опишешь? Те, кто видел её, слышал, дышал, те улыбнутся, узнавая и не узнавая: да, вроде бы она, вроде бы похоже... Те же, кому не довелось, и этого не скажут, просто кивнут: мол, спасибо за информацию, теперь ясно, будем знать.

Разве опишешь оказавшийся звёздами сахар, густо насыпанный на тёплый, чёрный, бескрайний ломоть украинского то ли хлеба, свежего, ещё не остывшего, то ли неба. Крохотную звёздочку чуть выше средней звезды правильно изогнутого ковша Большой Медведицы, которую давным-давно показал Кларе отец, и она запомнила её, хотя была тогда ненамного её больше. Звёздочку эту не только на Украине увидишь, она сама по себе, но впервые-то увидела её на Украине, украинской ночью - сказал Самуил.

Она, украинская ночь, не сразу начинается, не мгновенно возникает, "не з носа випала", как говорит о другом Надя. Украинская ночь - настоящее, ожидаемое чудо, её нужно терпеливо дождаться, заслужить.

Сначала солнце неохотно, медленно уйдёт куда-то за поле или за парк Горького, осветив напоследок хаты и дома, убедившись, что их на короткое время можно оставить без надзора - до утра, совсем ненадолго.

Потом величественно серый вечер - какой прекрасный это цвет - разве что Невский проспект, говорят, похожего цвета, - торжественно-тревожный серый вечер спрячет ненужные, мешающие царственному приходу ночи звуки, и только тогда позволит сбыться ожиданиям, придёт, настанет, явит себя - сначала фиолетовая, а потом, наконец-то, верховная, панбархатно-чёрная украинская ночь...

Посуда убрана и перемыта - не оставлять же до утра, что может быть грустнее немытой посуды? Те, кто на ногах не держится, кое-как убрели домой. Ольга Петровна, попрощавшись со всеми, ушла спать.

А остальные остались - потому что мало что есть чудеснее, чем сидеть за уже ненакрытым столом, хотя почти и не видя друг друга в наступившей ночи, и говорить негромко, зная, что вот они, здесь, напротив - знакомые лица тех, кто будет тебя слушать, и не потому, что просто пришёл и вот и пришлось сидеть и слушать, а потому, что ничего нет важнее этих слов, сейчас, по крайней мере. И вот это и есть - украинская ночь.

- Я, Кларочка, и сама не знаю, люблю ли Украину... - Лариса Петровна ответила тихо, но все оставшиеся за столом услышали. - А кто знает? Вот сердце: оно вот здесь, а ты его не ощущаешь до тех пор, пока оно не заболит. Оно в тебе живёт, стучит, ну и слава Богу. А если заболит - скажешь: сердце болит, ой, как же больно!.. Люблю ли? Ну как полюбить своё собственное сердце?..

Помолчали, подумали, кто-то закурил, кто-то недавно бросил.

- Ученики у меня в эвакуации были замечательные, - сменила - или не меняла? - тему Лариса Петровна. - Их учить было - одно удовольствие, да и сейчас, слава Богу, такие же. Просто тогда я их учила русскому языку и литературе, а сейчас - украинскому. Как меня мама научила, как она учила бабушек с дедушками моих учеников... Жаль, не всё можно было рассказать... Да и не всё мы сами знали и знаем... Може, комусь колись вдасться... Contra spem sperro!

За это можно было бы выпить, но на столе уже ничего не осталось. Самуил выпил молча, словно было что, и остальные - он чувствовал не видя - тоже.

И тогда он затянул старую - говорят, народную - песню о девушке, похожей на горошинку, любить которую - и счастье, и беда, каждое слово которой - острое, как бритва. Клара улыбнулась: Лариса Петровна сказала бы, имея в виду независимость этой острой на язык девушки, - "вполне в нашем духе". Нет, Лариса Петровна сказала бы - "цілком у нашому дусі".

Самуил пел о девушке-горошинке. Украинские уменьшительные суффиксы не только не несли ничего уничижительного, а наоборот - благодаря им, существительные обретали истинную свою сущность, серебрились, словно звёзды, притворившиеся мерцающими сахаринками.

Клара смотрела вверх, на эти звёзды, а звёзды смотрели вниз, подмигивали ей, вместе с нею надеясь на чудо и веря вместе с ней, что эта майская ночь не раз и не два повторится для Миши, когда ему уже не нужно будет

119

ложиться спать до наступления ночи и он поддержит песню крепким, как аромат украинского села, тенором или баритоном.

XXXVIII

- А у тебя, Анечка, что слышно на работе? - спросил отец Александр. - У нас ведь с тобой, как и с Ларисой Петровной и её мамой, общий предмет - Слово.
Лариса Петровна улыбнулся, это почувствовалось.
- С переменным успехом, - ответила Аня, тоже улыбаясь. - Все дети - хорошие, даже те, которые вроде бы не очень... Хотя научить их писать грамотно не так-то просто, да и читать - тоже.
Все рассмеялись.
Недавно, - продолжала Аня, - один藝ничок, Витя Добробаба, мне говорит:
"Какая разница, как я напишу - "видит" или "видет"? Главное - что друзья меня понимают.
- А ты ему, доченька, что на это ответила?
Аня задумалась.
- Я ему сказала:
"Ну да, Витя, главное - чтобы один Митрофанушка понял другого, ничего важнее на свете нет и быть не может. Хотя Митрофанушки ведь и на пальцах могут объясниться, зачем им для этого язык?"
Она снова помолчала, теперь дольше, и все молчали вместе с нею.
- Меня мамы научили, - улыбнулась она Ларисе Петровне, - и я детям говорю: язык - живой, как мы с вами. Грамматическая ошибка - это ранка. Очень жаль, если ученику, допустившему ошибку, не больно, потому что языку и мне вместе с ним - больно, и ещё как!
Отец Александр кивнул задумчиво:
- Не дай Бог когда-нибудь открыть Книгу и увидеть в ней грамматические ошибки... Книга с грамматическими ошибками - это было бы всё равно что подделка, в ней не было бы истинного слова. Как колорадский жук убивает картошку, так грамматическая ошибка - слово. А там глядишь - и нет Слова. Погибло, словно и не было его

вовсе. Пропал один картофельный куст, потом другой - так и от всего огорода ничего не останется. И от сада, и от леса...
  - Вот именно, - согласилась Аня. - Подделанным словам даже на заборе не место. Между прочим, другой мой Митрофанушка, Дима Немашкало, мне как-то говорит: "Пушкин тоже делал ошибки, ну и что?" Понятно? "Тоже"!
Засмеялись.
  - Аня, а как же вы всё-таки их учите правильно писать "видит"? - спросила Клара. - Думаю, у Пушкина с этим словом трудностей не возникало?
  - А я им стишок рассказала, - ответила Аня. - Вы, наверно, знаете:

> Ко второму же спряженью
> Отнесём мы без сомненья
> Все глаголы, что на "ить",
> Исключая слово "брить".

Клара кивнула и продолжила голосом круглой отличницы:

> И ещё - смотреть, обидеть,
> Слышать, видеть, ненавидеть,
> Гнать, дышать, держать вертеть,
> И зависеть, и терпеть.

"Садитесь, Стольберг, очень неплохо, пять с минусом", - сказала бы их Девица как Роза.
  - Точно, - сказала вместо неё Аня, - вот видите, вы запомнили, значит, пишЕте правильно!
  - А кто за погибающими деревьями не видит погибающего леса, - заметила Клара, - тому даже замечательный стишок не поможет. Такого с позволения сказать ученика нужно приговаривать к принудительному учению. Это - совет юриста. Тогда Митрофанушка как миленький всё правильно напишЕт.

XXXIX

- От шо я тобі скажу, Вєня, - внешне серьёзно, хотя на этот раз не совсем по-украински, а для смеха - на украинско-русском суржике, - сказал Микола, обращаясь к Вениамину и одновременно ко всем присутствующим. - Городські інтелігенти - такі ж люди, як і ми.
- Та ти шо? - в тон ему вроде бы удивился Самуил.
- Та я ж не про тебе, Сєня! - махнул рукой Микола.
- Ну да, - улыбнулась Клара, - мы с Самуилом до этого почётного звания не дотягиваем.

Миколе захотелось было выпить, но выпить уже было нечего, не в хату же возвращаться под утро...
- Да и мы с Любой тоже! - поддержал Клару Вениамин.
- Нє, - спокойно и внешне почти безучастно покачал головой Микола. - Які там ви інтелігенти! Ви нормальні люди.
- Та розкажи ти їм, Миколо! - попросил Федір. - Цікаво ж людям. Це ж тобі не про биків варнякати.
- Тю, та хто ж варнякає? - возмутился было Микола, но махнул рукой и принялся рассказывать, причём намного спокойнее, чем когда учил Самуила, как справиться с разъярённым бугаём. Говорил на суржике, чтобы было веселее, и даже не думал улыбаться.
- У Ольги Петрівни два роки назад був ювілей. Ну, народу понаїхало з усього Союзу, у неї ж учениці - по всій країні. І должен був приїхать зі столиці... як його? Нечипорук... Никифорук...
- Нечипоренко, - подсказала ему Лариса Петровна.
- О, точно, Нечипоренко! Спасибі, Лариса Петрівна.. Той Нечипоренко - велика людина, я вам скажу, знаменитий учений. Ще й член цього, як його, - ЦК.
- Та ти шо? - улыбнувшись, переспросил на таком же суржике Самуил. - Не може буть!
- Та яке там "ти шо"? Я тобі кажу - член ЦК. Зі столиці, інтелігент... Ну, ми приготувалися, ви ж знаєте, як ми приймаємо гостей.

Все кивнули - ещё бы не знать: в Верхнем гостей встречают, как нигде.

- Баби... ну, то єсть женщини, наготовили все, шо могли, - ви ж знаєте, як у нас готують.

Все кивнули - в Верхнем готовят, как нигде.

- Наварили холодцю, бога - ну, ви знаєте, що це таке, - все знали, хотя есть такое далеко не божественное на вкус блюдо Клара бы не смогла, чересчур оно жирное, - нажарили котлет, ковбасок домашніх наготували, м'яса наварили, нажарили картоплі... Ну, десерту всякого понакупили - канхветів там, шось іще - думали, може вони з жінками приїдуть, а вони самі приїхали, без жінок... Ну, чорт з ними, з канхветми. Самогону поставили - правда, не дуже багато, літрів двадцять, не більше...

- Більше, - заметила Лариса Петровна.
- Та ну що ви, Лариса Петрівна! - возразил Микола. - Скільки там того самогону!
- Точно! - поддержал его Федір. - Нещасних 20 літрів.
- Та і слабенький, градусів 70 чи шо. Накрили на стіл у Лариси Петрівни в саду. Народу прийшло не так шоб багато, ну, чоловік десь 50... Сіли за стіл, ждемо... Наконєц, їдуть.

Микола выдержал паузу и продолжал, ни на кого не глядя, как будто рассказывал самому себе:

- Машина, я тобі, Вєнька, скажу, здоровезна, длинна, як підводний човен, ми тут такої ніколи не бачили. Чорна, з білими занавєсочками...

Он снова солидно помолчал.

- Ну от. Виходять з машини шофер і цей Нечипоренко. Ну, видно зразу, шо людина столична, інтелігентна. В костюмі, при галстуку, з букетом цвітів, - ну, в общем, інтелігент. Підходить до Ольги Петрівни, дає їй букет, руку цілує, вона аж заплакала. "Ой, - каже, - який же ти став, Дмитрику!.." Він їй щось каже так по-столичному, я не все, чесно кажучи, зрозумів. Ну, столиця є столиця, ти ж, Вєнька, знаєш.

Веня кивнул, хотя толком, честно говоря, не знал.

- Ну, сіли за стіл, закусюємо, випиваємо, тости кажемо, - продолжал Микола, задумчиво глядя на стол, а не на Веню. Говорил он неторопливо с расстановкой и без улыбки. - І шо я тобі, Вєнька скажу: інтелігенти інтелігентами, а жруть і п'ють, як нормальні люди.

Самуил опасался за Клару - как бы у неё не начался приступ хохота. Тем более, что у Вениамина он уже начинался.

Микола же рассказывал, не меняя размеренной интонации, по-прежнему не отрывая задумчивого взгляда от стола:

- У нас же ж ти знаєш, як: треба все, що на столі, зї'сти і випити. Цілий вечір сиділи. Ну, випили, покушали як слєдуєт... І шо я тобі, Вєнька скажу: інтелігенти інтелігентами, а ригають, як нормальні люди.

Истерика у Клары всё-таки понемногу начиналась: столько афоризмов ей в Верхнем слышать ещё не приходилось с тех пор, как Федя рассказал ей о том, как обнаружил нарушителя общественного порядка в местном долгострое. Глядя то на Клару, то на Миколу, смеялись Самуил и Люба. Вениамин от смеха почти лез под стол. Звучно хохотал отец Александр. Одна только Лариса Петровна не покатывалась со смеху, а просто улыбалась: она знала эту историю, так сказать, изнутри.

- Ну, поїли, випили, - неторопливо вёл рассказ Микола, - поговорили, як у них там у столиці... Вони всі в общем-то - такі ж люди, тільки городські... А городська людина, та ще й інтелігент, я тобі скажу, Вєнька, це все ж таки люди особі. І балакають не по-нашому, та і вобще... А так - такі ж люди, непогані...

Становилось интересно, но рассказчика не подгоняли, да и сил подгонять не было от смеха.

- Ну, як стемніло, хто додому пішов, а хто в хату, спати... А я, ти ж знаєш, - Вениамин не знал, но кивнул, продолжая хохотать, - я ж встаю рано, по хазяйству. Ну, вийшов на двір раненько, уже світає. Узяв рушницю - ружьё по-вашому. У мене - двухстволка для охоти, стріляє будь здоров. Дивлюсь - шуліка летить - як ви його називаєте?..

- Коршун, - выдавила из себя Клара.

- Ну, от я і кажу: коршун, гад такий, літає: повадився, Вєнька, таскати наших курчат, паразит. Ну, я в нього з двухстволки як шарахну! Ружьё будь здоров, гагахнуло на все село. А тут з уборної вилітає Нечипоренко, ну, інтелігент городський, і шось кричить, з перепугу руками махає, шоб я не стріляв. А я йому: "Та сиди, сиди! Я ж не тобі, я он йому!" - показую йому на шуліку, ну, на коршуна.

Клара представила себе академика, накормленного холодцом, "богом", домашней колбасой, напоенного 70-градусным самогоном, сидящего в неудобном удобстве и вскакивающего с насиженного за короткую, но тревожную ночь места под звуки рвущихся среди рассветной тишины пуль, и истерика, которой опасался Самуил, у неё началась. И у остальных слушателей - тоже, в том числе у Ларисы Петровны. А Микола по-прежнему не улыбался. "Нехай собі посміються, - наверно, думал он. - Для того ж і зібралися. Та і до ранку далеко - ще срати і срати".

XL

Такой малины, как этим летом, сто лет уже не было, сказала Надя. То есть, конечно, она сказала иначе: "Такої малини, як цим літом, уже сто років не було!"

- Надійко, я і не знав, що ти у нас така старенька! - улыбнулся Самуил. - Тобі уже за сто років?

- Старенькая, а память - как у молодой! - заметила Клара, тоже улыбаясь.

Но малина и вправду уродилась потрясающая. Кусты были, как сказала Клара, красные-прекрасные. И каждая из красных ягодок, казалось, позванивала, покачиваясь под неслышным июньским ветерком, и все вместе они создавали слышный, кому-то внимательному и совсем неслышный всем остальным малиновый звон. Звон, тихо и мирно плывущий, словно парусник, только не с белыми, а с ярко-красными, алыми парусами, над всем Верхним, над всей нескончаемой страной, да кажется, что и над всем непостижимым миром...

Клара читала в своём кабинете очередное дело, которое поручил ей Гнида. Вроде бы все вокруг - порядочные люди, а работы - выше головы и крыши... Окно было открыто, малиновый звон вливался в него, разливался по комнатке, шевелил Кларины волнистые чёрные волосы, проплывал между строк толстого дела. Словно харьковская Стеклянная Зеркальная струя льётся и тихонько то ли журчит, то ли позванивает... И Миша - она, конечно, знала это - сейчас выйдет во двор и пойдёт нюхать и рвать эту сто лет не виданную малину - Надя разрешает.

Клара готовилась защищать очередного сявку и тем самым, как она говорила Зиновию, боролась с раклами и сявками.

- Борешься, защищая? - спросил бы Зиновий, незаметно улыбаясь, но Клара-то заметила. Чтобы Клара не заметила?

- Конечно, папка! Иначе вместо борьбы будет драка. А это - самое любимое их занятие, их хлебом не корми, дай только подраться. Я им такого удовольствия не доставлю.

"Не дай Бог защитить того, кто не заслуживает защиты..." - подумал бы Зиновий. Но Клара вдруг не услышала бы его мысли... Чтобы Клара не услышала?..

- Ты заметил: сявки не могут ходить поодиночке, форма сявского существования - толпа. Но бороться с толпой можно только в одиночку - не организовывать же новую толпу.

- В одиночку тоже не получается, - возразил Зиновий. - К ним приходит такой одиночка, приносит им всё, о чём они и не мечтали, в том числе твоё Римское право, которого тут, у нас, вроде бы не могло быть и в помине, а они - ...

- ... швыряют в него камни, объявив сумасшедшим, или бомбу - объявив реакционером и тираном.

В Харькове Клара с Мишей пошли бы пешком по Сумской, к Зеркальной струе. Клара рассказывала бы Мише о том, как они вон там, на площади Дзержинского, кстати, самой большой в Европе, праздновали Победу, и людей на площади было больше, чем ягод на всех верхнянских малиновых кустах.

Вон там, через дорогу, - Дворец пионеров, туда я часто ходила до войны, однажды, когда мне было лет пять, меня сфотографировали на коленях у Постышева - как-нибудь я тебе о нём расскажу подробнее

Под тем старинным дубом в саду Шевченко сидели с папой на скамейке до самого вечера.

А вот, наконец, - наша Стеклянная струя, такой больше нигде нет - говорят, на всём белом свете. Видишь, какая гладкая вода, ни морщинки. Ты прав, она не стеклянная и не зеркальная, она как живая, куда уж там стеклу! Давай назовём Зеркальную струю живой струёй, так будет правильно. Живая струя - здорово звучит, правда? И пусть её больше никогда не переименовывают.

Зачем вообще менять хорошие имена? Миша есть Миша, Клара есть Клара, Самуил - Самуил. Менять нужно только то, что плохо, зачем же менять хорошее?.. Сегодня вечером мы с тобой прочитаем, что такое хорошо и что такое плохо.

Миша - она знала - забрался в малиновый куст и сидит себе, не откликаясь, хотя Надя зовёт его завтракать. Зовёт "Миша", вернее "Мишко", а он почему-то хочет, чтобы его называли Витей.

Клара улыбнулась, разгладила страницу, как будто погладила Мишу по голове, увидела, какой он сейчас замурзанный, весь в малине - главное чтобы не объелся, а то, не дай Бог, будет в лучшем случае диатез, - впрочем, Надя проследит, конечно, - и принялась обдумывать план защиты.

Она знала, что выиграет это дело, как и все предыдущие. Она изучит его, обдумает план, и тогда останется самое несложное - выиграть. Каким бы он ни был, её подзащитный заслуживает защиты. И она выиграет - в одиночку, как всегда.

Оба учителя - непобедимый Фёдор Никифорович Плевако и замечательный её профессор Фукс - напутственно улыбнулись ей. И Миша улыбнулся бы, но он ел малину и больше ни о чём пока не знал и не догадывался.

Алые малинки покачивались на лёгком, как предстоящее Кларе дело, ветерке, и неслышный малиновый звон беззаботно и задорно вливался в открытое окно её кабинета, с утра пахнущего спелой, вкусной - вкуснее не бывает, правда? - малиной.

И разве мог этот день когда-нибудь закончиться? Он длился и длился... В Харькове - на торжественной Сумской и на непритязательной Балашовке... В неожиданно возникшем для неё - для них - Верхнем, в котором о Мише, Самуиле и Кларе когда-то даже не догадывались, как и они не догадывались о нём... Во всей невероятной стране длился их общий, праздничный по сути, а не по цвету календарного листка день.

Нескончаемый день. Ненавязчиво праздничный, как вся их совершенно бесконечная жизнь...

XLI

- Доброго вечора, Самуїле Семеновичу!
- Привіт, Сєня!

Устал сегодня - да и только ли сегодня. Вроде бы все вокруг здоровые, а народу - заходили один за другим, одна за другой. У того болит здесь, у той - там, и кажется, что во всём Верхнем не осталось ни одного здорового человека, хотя, конечно, здоровых больше - во всяком случае тех, кто не идёт в поликлинику. Идут уже в самом крайнем случае, а так - терпят, надеются, что как-нибудь само собой пройдёт, "що все буде гаразд"...

Клеши рекордного размера крутились вокруг его худющих ног. Клара откормила его после войны, без неё он увял бы на корню, как она говорила, и, конечно, была права. Вот только ноги как были тонкими, так и остались. Клара называла это признаком аристократизма и хохотала до слёз - сначала своих, а потом и его: он присоединялся, и они покатывались со смеху вдвоём.

Кем-кем, а графом или, упаси бог, лордом Самуил себя не чувствовал. Посмотрел бы он на графа, свистящего мизинцем, или лорда, берущего "ля" четвёртой октавы после тарелки борща и литрюгана Миколиного коньяка в хорошей компании. Да и откуда у них такая компания? Бедняги.

- Сєнька, привіт! Як життя?

Поле желтело, сливаясь с безумно, шикарно голубым небом. Именно желтело, никакой кугутской позолоты в нём не было и в помине. Клара права:

золотистый цвет - признак кугутства, а поле было изысканно, по-украински роскошно. Его, как и украинскую ночь, сколько раз уже пытались описать стихами и прозой - и ничего толком не получалось. Ну как опишешь эту яркую, немыслимую желтизну, незаметно для глаза переходящую в ослепительно голубой, не синий - ярко-синим быть легко и банально, - а именно в неописуемо голубой не цвет даже, а свет.

- Сєня, заходь у гості з дружиною!

Сегодня приходила Ольга Петровна. Очень похоже на диабет, Самуил выписал ей направление в область на обследование. Микола отвезёт, о чём речь... Голод так просто не проходит, рано или поздно даёт о себе знать, хоть и через 20 с лишним лет. Потом война, потом - снова голод...

Самуил говорил ей, и она слушала и слушалась: исключить сладкое и мучное, побольше двигаться. И картошку исключить. Хотя как это всё исключишь? Снова что ли голодать, только уже добровольно?.. А двигаться - куда уж больше? Она и так - то в огороде "порається", проще говоря - вкалывает, то в библиотеку - туда и обратно, и снова туда и обратно, и снова - в огороде...

Родители прислали письмо. Вроде бы им должны дать квартиру, на какой-то новой улице - Байрона. Ида и Майя будут по-прежнему жить с ними.

- Доброго вечора, тьотя Мотя! Як ноги?

- Дякую, Сєнєчка! Та хожу потихесеньку, дай тобі Бог здоров'я!

Где эта улица Байрона? Нужно будет расспросить поподробней, а то звучит как будто и не в Харькове. Район, говорят, называется "посёлок Герцена". Пишут, его любимая "пятёрка" туда ходит, и то слава богу. Хотя большие расстояния Самуила не смущали с Аркуля - а ну-ка пронеси на спине чувал муки 10 километров. А тут - какой-нибудь часок на "пятёрке" в один конец, у опущенного окошка, ну, и в другой столько же - "чи не проблема", как говорит укротитель бугаїв Микола.

- Сєня, доброго вечора! Привіт Кларисі Зіновіївні!

129

И сердце у Ольги Петровны ни к чёрту... Вот так и выходит, гадство: как хороший человек, так болеет. А как кугут какой-нибудь - так здоровее самого неукротимого бугая, разве что мелочь какая-нибудь прихватит.

Проехал легковой милицейский бобик, Клара называла его "ляговушкой". Поехали вроде бы к дому Фроськи Пукало и Бормотуна. Увидев Бормотуна, Клара наверняка сказала бы: "Микола, вы неправы. Водить его за нос - ещё куда не шло, а вот удержать в таком состоянии - вряд ли. А главное - руку не отмоешь".

Соседи что ли в милицию сбегали?...

Фроська, наверно, думала, что родит ребёнка - и Бормотун возьмёт и подобреет.

- Дядя Гриша, як справи? Як спина?
- Дай Бог тобі здоров'я, Сєня: зовсім не болить. Все роблю як ти сказав.
- Молодець! Треба менше лежати, більше ходити. Рухатись треба, дядя Гриша!
- Та якби не рухався, вже не встав би.

Девочку назвала Валей - баба Клава говорит...

XLII

По дороге Самуил зашёл к Косаченкам - посмотреть, как себя чувствует Ольга Петровна. Постучал, калитку открыла Аня.

- Ой, Самуил Семёнович, заходите! Вы к маме или к бабушке? А если к Феде, то он ещё не вернулся.
- Я видел, он Бормотуна поехал усмирять, мерзавца, - ответил Самуил. - Я к бабушке, Анечка. Что у неё слышно?
- Мама её отдыхать отправили. А сами - вон, в огороде. Пришли домой, я им говорю: "Мамочка, отдохните после школы, я всё прополю!" - А она мне: "Слушаюсь, товарищ начальник, иду отдыхать!" - Это она так отдыхает, с тяпкой.

Лариса Петровна "поралась в огороді". Нет, "поралася на городі", так, кажется, будет совсем правильно.

- Приветствую, Лариса, Петровна! - окликнул учительницу Самуил. - Как вам отдыхается, дорогая?

Лариса Петровна выпрямилась, улыбнулась, помахала свободной от тяпки рукой:

- Привіт, Сєнєчка! Ти до мами? А я їх відправила в хату, відпочивати. Скільки ж можна надриватися?

Самуил улыбнулся:

- А самі відпочиваєте на городі? Молодець: рух - це життя! Только что ж вы Аню лишили заслуженного отдыха? - он весело подмигнул Ане.

- Анєчка ще напрацюється! Ещё наработаешься, Анечка, отдохни. Движение - это жизнь, Сеня прав, - ну, да ты и так бегаешь - то в школу, то в школе, то по хозяйству.

Самуил улыбнулся Ларисе Петровне - разве её переспоришь? - и пошёл в хату. Как там Ольга Петровна?

XLIII

- Ну що за дитина така, Самійло Семеновичу?! - воскликнула Надя, встречая Самуила. - Та і я - дурна баба!..

- Вам ещё до бабы, Надюша, - улыбнулась Клара, - як відсіля пішки до Києва.

- Точно! - заверил её Самуил, - це ще срати і срати. А що трапилось?

Все вместе рассмеялись. Клара обняла Мишу и рассказала:

- Представь себе: наш ребёнок залез в малиновый куст и весь его объёл. И не отзывался, паршивец маленький, целый час или больше. Надя, бедная, его и звала, и искала по всему двору, а он себе устроился под кустом и съел всю малину.

- Ой, божечки, це я винна! - всплеснула руками Надя. - Дитина ж є дитина. Та і як таку малинку не їсти? Я б і сама покуштувала!..

- Да вам же теперь ничего не достанется, Наденька! - воскликнула Клара. - Этот обормотик съел всё до последней ягодки.

Самуил строго посмотрел на сына:

— Мита, почему ты не отзывался, когда тебя Надя звала?

Надя улыбнулась и ответила за Мишу:
— Та він каже, що він не Мишко, а Вітя.
— Ну, попадётся мне этот Витя! — сказал Самуил и поцеловал Мишу в макушку.
— Как попадётся — хватай его двумя пальцами за ноздри! — посоветовала Клара.

Взрослые снова рассмеялись, и все четверо пошли в хату есть Надин борщ с холодными котлетами. Малина, как ни удивительно, не перебила Мише аппетит.

— Не исключено, рыжий, — заметил Самуил, — что от малины пузо у тебя за ночь покраснеет.
— Не слишком похвальный патриотизм, — озабоченно отозвалась Клара.
— Ничего, примем меры. Главное — вовремя вспомнить, как тебя зовут, тогда всё будет в порядке. А лучше — никогда не забывать. Согласен, Мита?

Миша кивнул: зачем быть никому не нужным Витей, если Миша, оказывается, так нужен всем?

XLIV

Мама пишет, что вернулась из командировки в Армению, на озеро Севан. Они там строят уникальную электростанцию... или теплостанцию, — в терминологии Клара могла ошибиться. Севан немного похож на Зеркальную струю, если смотреть на неё сверху и увеличить в миллион раз, — в масштабе Клара тоже могла ошибиться, несмотря на круглые пятёрки в старом школьной табеле.

Скоро в ТЭП должен приехать поработать выдающийся математик, великий шахматист — судя по всему, Ботвинник, — хотя Мария Исааковна фамилию не называла — просто "выдающийся" и "великий", ещё рано уточнять, пусть сначала приедет.

Владимир Фёдорович перешёл во Вторчермет, часто берёт работу на дом, так что рабочий день у него — часов 10, а то и больше, как и у мамы.

В Харькове много больших перемен, - Клара улыбнулась: прямо как в школе. Главная - начали строить дома в новых районах, например, на посёлке Герцена. Ты не знаешь, это в самом конце пятой марки.

На работе услышала забавную историю, развлеку тебя. У вас там, наверно, ничего подобного не услышишь. Вообще-то я на работе разговаривать не люблю, ты знаешь, но тут сделала исключение и не пожалела.

У нас в отделе стандартизации работает такая Марья Ивановна, женщина уже не первой молодости. Звёзд с неба не хватает, но и ничего плохого о ней не скажу. Я к ним как-то зашла на секунду, и она теперь чуть что - сразу ко мне. Ты же знаешь, если что у кого произойдёт - они моментально к твоей маме.

Так вот, у этой Марьи Ивановны есть маленькая внучка, чуть старше нашего Мишеньки, дочка её невестки. Вот она вчера заходит на кухню к Марье Ивановне, пока никого из соседей не было, и спрашивает:

"Бабушка, а у тебя лицо есть?"

Марья Ивановна опешила:

"Ну конечно, - говорит, - у всех есть лицо. Вот и у меня, смотри, солнышко: глазки, ушки, носик".

Девочка походила, походила, а сама о чём-то напряжённо думает. Потом снова подходит к Марье Ивановне и спрашивает:

"Бабушка, значит, у тебя и голова есть?"

Марья Ивановна всплеснула руками:

"Господи боже мой! - отвечает. - Ну конечно есть. Вот она, моя голова, куда ж ей деваться? А что случилось?"

Тогда ребёнок ей отвечает:

"А мама сказала, что ты - безголовая".

Вот так, Кларочка. Слава богу, у меня только дочка, никаких невесток.

- Какое счастье, - сказала Клара, целуя Самуила, - что ты не невестка, а всего лишь зять.

Самуил усмехнулся: он с трудом представлял себя зятем - мужем да, сыном, отцом, только не зятем, - а невесткой представить себя не мог и подавно.

XLV

— Зачем ты опять это читаешь? - с улыбкой спросил Самуил. - Надеешься, она в этот раз передумает бросаться под поезд?
— Бросится, я думаю, - ответила Клара. - А читаю ради процесса. Ты же знаешь, что процесс мне, за редким исключением, интереснее результата.

Редкое исключение спало на своём, то есть Надином, конечно, диване, под слониками.

Самуил снова улыбнулся:
— Чтобы получилось хорошее исключение, Кларонька, процесс обязательно должен нравиться! Ты согласна?

Конечно, Клара была согласна уже пять лет. Подумать только...

Пятилетие их свадьбы пришлось на воскресенье, и они решили втроём съездить в Нижнее для разнообразия, а потом уже отметить дома этот всенародный, как говорила Клара, праздник.

А время пролетело неожиданно быстро... Совсем вроде бы недавно пели студенческую песню:

> Колумб Америку открыл.
> Ошибку сделал он большую:
> Дурак! Он лучше бы открыл
> На нашей улице пивную.

Хохотали и пели, только последняя строчка варьировалась в зависимости от факультета:

> Студенту тоже нужен ром,
> Когда идёт он на экзамен,
> Ведь может ошибиться он -
> Сказать, что Цезарь был татарин.

Математики и физики, разумеется, пели последнюю строчку иначе:

> Ведь может ошибиться он -

Сказать, что куб квадрату равен.

Как могли целые 5 лет просвистеть с такой немыслимой скоростью?.. Почему-то вспомнили сегодня, как однажды, до свадьбы, конечно, Клара прибежала к памятнику Шевченко на свидание с Самуилом - думала, что опаздывает, но Самуила ещё не было, и она прождала его битых несколько минут, а потом выговаривала, хохоча глазами:

- Где же вас носило, уважаемый и даже, не побоюсь этого слова, любимый? Я пришла, как кое-кто с чистой шеей, чище которой только мои помыслы. А ты? Не принять ли мне теперь радикальные меры во избежание, говоря твоим языком, рецидивов?

Впрочем, на её языке тоже так говорили.

Всё, что мог Самуил, это обнять Клару и клятвенно пообещать, что впредь, как и раньше, будет приходить первым. Не объяснять же, что пришлось строго побеседовать с очередным то ли маменькиным, то ли папенькиным сынком, явно ему позавидовавшим и позволившим себе ляпнуть какую-то гадость о Кларе.

Они пошли по центральной аллее Сада Шевченко, не думая о том, что годы полетают над ними, заглушая любой, самый неистовый свист, и скоро их наберётся на свадебный юбилей.

Листья в очередной раз покраснели, словно от стыда. Хотя чего стыдиться? Они сделали своё дело, когда солнце палило посильнее сотни пушек, и теперь могли со спокойной совестью меняться в лице и опадать, на прощание шурша под ногами.

- Хотелось бы посмотреть на эту бабу, - улыбнулась Клара.

- Какую бабу, Кларунчик?

- Именем которой названо бабье лето, - ответила Клара, задумчиво глядя по сторонам.

"Это время года, Митуня, называется "бабье лето", - пояснила она Мише и поцеловала его в стриженную "под демократку" голову.

Миша кивнул, хотя не понимал, о какой бабе идёт речь и почему осень называют летом. Наверно потому, что если время года очень нравится, то это и есть лето. И мамин любимый май тоже, значит, лето. А говорили, что весна. А может, если весна, то - бабья?

Бричка несла их в Нижнее, Микола артистически управлял ею, ничуть не хуже, чем полуторкой. Правда, какой-то нижнянец, уже с утра чувствовавший себя веселее, чем предполагает это время суток, чуть было не попал под их лошадь.

- Тоже мне Остап Бендер! - воскликнул Самуил, когда Микола увёл кобылу от столкновения.

Клара покачала головой:

- Остап знал, куда идёт. А этому, видно, уже всё равно. Нажился, судя по всему.

- Ну, ви тут гуляйте, - сказал Микола, - а я вас заберу о другій годині. Гаразд?

- Гаразд, - кивнул Самуил, и они втроём пошли гулять по Нижнему.

Было тихо, как будто тишина ранним утром спустилась на землю с неба и всё ещё не хотела уходить обратно. Ей не мешали и не нарушали её ни голоса прохожих, ни крики нижнянских петухов, ни шуршание листьев под ногами. Удивительно, но было как раз наоборот: все эти звуки не мешали тишине, а лишь усиливали её, делая ещё глубже и полнее.

- Видишь, Сеня, - негромко сказала Клара, как будто тишина была не только слышна, но и видна, - тихо - это не когда нет звуков, и даже не когда звуки негромкие, а когда эти звуки не мешают тишине...

И малиновый звон тишину не нарушал. От него вокруг стало так тихо и мирно, что звон этот хотелось слушать и слушать, и видеть, и вдыхать. И чем больше вдыхалось малинового октябрьского воздуха, тем больше хотелось вдохнуть его...

- Конечно, сходи, - сказала Клара Самуилу, - потом расскажешь нам. А мы с Митуськой посидим тут, на скамейке, поговорим о жизни. Тут и клён такой красивый, как специально для нас. Согласен, Митулик?

Самуил поцеловал их и поднялся по ступенькам в тот самый Благовещенский собор, куда их приглашал отец Александр. Собор был очень похож на харьковский: у обоих бордовые стены, только у харьковского маковки тёмные, а у нижнянского - серебристые.

Клара обняла Мишу и рассказала ему очередную свою историю:

> На свете жил свирепый Лев,
> Любого льва левей.
> Любил рычать, семь шкур спускать,
> Ведь был он царь зверей.
>
> Однажды, глотку отрычав,
> Лежал он под сосной.
> И вдруг к нему подходит Прав,
> Качая головой:
>
> "Возможно, Лев, ты в чём-то прав.
> Но вот уж много лет
> Визжишь и лаешь по утрам.
> Нет, право, ты не Лев".

Клара помолчала, улыбнулась Мише и добавила:

> Что ж, знает даже детвора,
> Что часто не Земле
> Бывает лев совсем не прав,
> А прав, увы, не лев.

Клара обняла сына и подумала, что когда-нибудь и он сочинит что-нибудь подобное - или намного лучше. И потому никогда не будет одинок.

XLVI

Перед этим Самуил был в церкви давно - ещё в Харькове, в том самом Благовещенском соборе. Столько лет прошло - он с счёта бы сбился, если бы попробовал подсчитать. Тогда они с Кларой ещё даже не были знакомы...

А иконы всё равно встретили его как старого знакомого, да, впрочем, и он их. Мария незаметно улыбнулась - вряд ли кто-то, кроме него, заметил. То есть улыбку, конечно, все заметили, но не поняли, кому именно она улыбается. Но Самуил-то знал.

Многие с ним здоровались, даже те, кто пока у него, к счастью, не лечился. Дохтура все знали, кроме, может быть, детей, да и то самых маленьких.

Поставил свечку во здравие - несколько минут произносил про себя все имена, их, к счастью, набралось очень много, а за упокой, слава Богу, ставить не пришлось...

Потом все слушали отца Александра. Тот говорил, улыбаясь:

- Как-то одна молодая женщина сказала мне: "Человек приходит в церковь, когда ему хорошо". Вот и вы сегодня, когда вам особенно хорошо, пришлю сюда, в свой дом. И разве может сегодня не быть хорошо? Сегодня в каждой душе - мир. Небо спустилось на Землю, проникло в наши души, поселилось в них верой, надеждой, любовью. Слышите, какая мирная тишина царит и здесь, и за стенами церкви? Мир и покой - разве это не синонимы?

Самуил отвечал Марии взглядом и старался угадать, что именно Клара сейчас рассказывает Мише. И думал о том, как тепло и уютно им на нижнянской скамейке, под жёлто-красным клёном.

- Сегодня, - говорил отец Александр, - нам как никогда легко понять и простить ближнего, даже если вроде бы простить и невозможно... Солдат, персонаж одного старого, забытого стихотворения, обращается к такому же солдату, но воюющему во вражеской армии: "Вот, прими мой братский поцелуй"... Есть преступления, которые, кажется, невозможно простить. Ну что ж, надеюсь, что за них строго покарает земной закон. Но верю - и этой веры у меня никто не отнимет, - что когда-нибудь злодеев накажет по заслугам суд высший. Потому что есть грозный Судия. И этот высший суд - неизмеримо важнее и страшнее земного... Но мы с вами собрались

здесь потому, что нас переполняет любовь. А тот, кто любит, не совершит преступления. Миша поддевал ногами красные и жёлтые кленовые листья, и они весело шуршали, а потом тихонько падали, и он снова разбрасывал их, и они снова шелестели, шуршали, словно шушукаясь о чём-то по особенному, осеннему секрету.
- И ещё желаю вам богатства, - говорил отец Александр. - Настоящего, не кажущегося. Не такого, которое не позволяет верблюду, гружённому ничего не стоящими с позволения сказать "сокровищами", пролезть в игольное ушко, а истинного, то есть такого, которым вам не стыдно будет поделиться со своим ближним. Идите с миром, и пусть этот день продлится всю вашу земную жизнь.

Перед уходом Самуил посмотрел на свою заздравную свечку, попрощался с теми, кто с икон взглядом провожал его до двери, потом улыбнулся на прощание нижнянским знакомыми, вместе с ним выходившим из церкви, и пошёл к Кларе, Мише и Миколе.
- Мама, а кто такой прав? - спросил Миша, когда они поехали домой и листья шуршали под колёсами их брички.
- Ти ба! - воскликнул Микола. - Росте хлопець. То була якась дурна "псина", а зараз уже - прав. Так що, Мишко, ти теж будеш адвокатом?
Клара улыбнулась:
- Главное - чтобы был. А кем? Я знаю, но пока не скажу, пусть он сам решит и сам этого добьётся.
- А мы в меру сил поможем! - рассмеялся Самуил и, подмигнув Мише, свистнул мизинцем так, что раскрасневшиеся листья посыпались с деревьев.

XLVII

Надя приготовила "пироги з сиром".
- Есть, кстати, такая весёлая песенка про казака и влюблённую в него девушку. Помнишь - тоже народная, хоть ты и не любишь, когда песни называют народными: девушка и так, и сяк старается привлечь его внимание, и в

139

конце концов уже и целует его, а казака ничего, кроме вареников с творогом, не интересует.

    Вона його цілує,
    А він їсть пироги.

 - Понимаешь, "пироги" - это и есть "вареники". Потом на казака враги напали, отняли вареники. Тоже, наверно, голодные были, бедняги. Казак заплакал и умоляет их:
    Ой, кляті вороги,
    Візьміть собі дівчину,
    Віддайте пироги.

 - Не отдали, конечно. Время было голодное, вареники ценились больше девушек. С лица воду не пить, а есть ой как хочется! Да и пить - не меньше, и не с лица же.
 Миша тоже развеселился, как будто понял, о чём идёт речь. А может, его песенка развеселила. Или слово "пироги" - оно по-украински звучит так же привлекательно, как раньше звучала "псина". Бывают такие слова - их хочется повторять на все лады. И у каждого человека - своё собственное такое слово, другим непонятно, что за слово такое особенное, что повторяешь его и никак не наповторяешься.
 Украинское "г" - совсем не такое, как похожее на булавочный укол русское. С украинским "г", - думал Самуил, - и гетьмана можно выбрать подходящего, і дівку засватати гарну, и голод пережить.
 И горілки выпить, - думала Клара, - и при этом не з'їхати з глузду - ну, не спятить то есть, - хотя некоторые всё-таки, несмотря ни на что, спячивают.
 А украинское "и", - думал Самуил, - спокойнее русского "ы", не такое навязчивое - мол, будь по-твоему, чего уж там.
 И потому, - думала Клара, - "пироги с сиром" получаются до того вкусными и желанными, что иногда сами собой прыгают в сметану, а оттуда - в широко открытый рот. "Черево, как говорится, не дерево".

Они думали это почти неслышно, про себя, и улыбались. А Миша хорошо слышал их - ведь как не услышать родителей, сидя между ними, когда они обнимают тебя и почти неслышно думают - про себя, конечно, а значит - про тебя.

XLVIII

Миша и Коля взяли свои шашки и побежали на улицу, там их уже ждали друзья - Вовка Борщ, Славік Твердохліб, Ванька Рідкокаша - кажется, ещё кто-то, друзей у них - полпосёлка. Клара разрешила Мише поиграть вместе со всеми на кукурузном поле, пока не стемнело.

Там скачется - будь здоров! Владимир Фёдорович, скорее всего, сказал бы, улыбаясь: "Что, Мишутка, побежал в шашки играть?" Мишина шашка была особая, перевязанная проволокой - Самуил сделал ему настоящее оружие, будет чем клятих ворогів рубить.

Бедные беляки.

- Здравствуйте, мушкетёры! - улыбнулся отец Александр, пропуская Мишу с Колей.

- Мы чапаевцы, - строго ответил Коля.

- Ну и слава Богу! Сражайтесь на славу, желательно без жертв.

Он вошёл в дом, поздоровался.

- Как ваши ноги, Александр Владимирович? - спросил Самуил.

- Спасибо, Сеня, сейчас, слава Богу, получше. Если не стою на месте, то бегаю. Как сказала бы Клара, я же без ног - как без рук.

Клара весело кивнула.

- Садитесь к нам, Александр Владимирович, - пригласила Аня священника.

Фёдор налил отцу Александру штрафную, придвинул селёдочницу - "гарний оселедець, не пожалкуєте".

- За ваше здоровье! - сказал отец Александр, чокаясь с хозяевами и гостями, закусил, похвалил селёдку - Фёдор был прав. Потом обратился к хозяйке:

- Как вы себя чувствуете, Ольга Петровна?
- Вашими молитвами, - улыбнулась старая учительница и почти незаметно вздохнула. Клара, правда, заметила - наверно, потому, что сидела напротив Ольги Петровны.
- Дай вам Бог здоровья!.. А как у тебя, Федя?
- Стою на страже, отец Александр, - улыбнулся Фёдор.
- Много работы?
- Да как вам сказать... Вот на днях опять Витьку Бормотуна утихомиривали.
Отец Александр вздохнул:
- Бедная женщина, как она только терпит его?
- Любовь зла - полюбишь и Витька, - не в рифму сказал Самуил. На Бормотуна ему рифмы было жалко.
- Какая она женщина? - сердито усмехнулась Клара. - Женщина - это мать. А Фроська - не женщина, а простотётка.
- Не суди, Кларочка, - покачал головой отец Александр.
- Я и не сужу, Александр Владимирович, - серьёзно ответила Клара. - Понадобится - буду защищать, однажды я это уже сделала. Надеюсь, больше не понадобится. Но только заявление на своего властелина и благодетеля Фроська всё равно никогда не напишет. И будет он делать с ней что посчитает нужным, а она взамен будет якобы не одинока. Тот, а чаще та, кто страстно хочет этого лично для себя, получит именно то, чего больше всего боится: одиночества. Зато при наличии властелина.
Помолчали.
- А что у вас, Анечка, новенького? - спросил отец Александр. - Как детки?
Аня улыбнулась:
- Я вот как раз начала рассказывать. На днях в 9-м классе задала по внеклассному чтению написать сочинение о Дон Кихоте. Сказала: напишите всё, что думаете, потом обсудим... Бабушка вот считает, что рановато, а мама и Клара говорят - самое время.
Лариса Петровна кивнула:

- Хоть мама и правы, но ты всё правильно сделала, Анечка. Если детям сейчас не объяснить, они закончат школу и будут уверены, что Сервантес просто написал роман о сумасшедшем.

- Вот именно! - воскликнула Клара. - Тогда получится, что любой неординарный персонаж - ненормальный: и Дон Кихот, и любимый Сенин бравый солдат Швейк, и нелюбимый мной князь Мышкин...

- Нелюбимый? - почти не удивилась Лариса Петровна.

- Я Достоевского не очень люблю. Или, точнее говоря, очень не люблю.

- Что так? - спросила Ольга Петровна.

Клара пожала плечами:

- Да мне, Ольга Петровна, не нравятся показные страсти и публичное разрывание рубахи на воспалённой груди. Я вообще недолюбливаю излишнюю чувствительность, в особенности напоказ - от такой чувствительности попахивает бесчувственностью.

Ольга Петровна задумалась, но не ответила - то ли согласилась, то ли наоборот...

- А нормальные, - вернулась Лариса Петровна к своей незаконченной мысли, - оказываются или неестественными и нехудожественными - не будем переходить на личности - или жуликами, вроде Хлестакова или Остапа Бендера.

Клара весело подняла ладонь, словно возражая прокурору на процессе:

- Об Остапе не будем, Лариса Петровна!..

- Остап Бендер - любимый Кларин персонаж, - засмеялся Самуил. - Она его в обиду не даст. Лучше выпьем за здоровьеКлариного дорогого турецкоподданного, он заслужил!

- Тем более, - добавила Клара, - что он такой же турецкоподданный, как и мы с Сеней!..

Все рассмеялись и снова чокнулись.

Аня продолжала рассказывать:

- Верочка Борщ так и написала: "Дон Кихот был хороший человек, только немножко ненормальный".

Причём "не нормальный" - в два слова, это я ей исправила.

— Ну, вот видите, - энергично кивнула Клара, - стоит человеку разглядеть истинное лицо сельской девушки или бандита с большой дороги, как его назовут идиотом. Ну правда: разве может быть "простая", так сказать, девчонка красавицей? Откуда в деревне красавицы? Аня и Надя, наверно, исключение, да?!

— И Ольга Петровна с Ларисой Петровной - тоже! - поддержал жену Самуил.

Клара подумала, что Владимир Фёдорович обязательно добавил бы (чтобы Владимир Фёдорович, как строго говорит мама, не вставил свои пять копеек?): "Бандит с большой дороги - это всегда хорошо законспирированный враг, а не какая-то там мельница". И могу себе представить, что на это ответила бы мама! Да и хорошо, если бы только мама...

— Известная картина, - заметила Клара вслух. - Толпа, свято уверенная в своей нормальности, тычет пальцами в того, кого дружно считает ненормальным. И попробуй не посчитай! Сразу же будешь подвергнут самому страшному наказанию: коллективному отторжению от толпы.

Отец Александр слегка заметно улыбнулся, подумав о своём, - всем было понятно, о чём и о ком именно. Потом спросил Аню:

— Так какую же оценку вы поставили Верочке?

— Что вы, Александр Владимирович, - махнула рукой Аня, - разве за мнение можно ставить оценку? У детей тогда вообще не будет своего мнения - они будут стараться заработать "пятёрку". Сначала у меня, а потом, когда вырастут - у других...

Лариса Петровна и Ольга Петровна невесело вздохнули. И отец Александр вместе с ними.

— А за грамматику, конечно, снизила, - добавила Аня.

XLIX

Демонстрации не похожи одна на другую. И всё-таки что-то общее в них есть, даже сразу и не скажешь, что именно. Клара любила демонстрации за это общее. Вот, наверно, за что: 7 Ноября или 1 Мая - не бывает толпы, а хуже толпы вряд ли что-нибудь может быть, согласен?
И именно в такие дни толпы - не бывает, ведь много народу - это совсем не обязательно толпа. Толпа же не улыбается, и не рада ничему. Она или злобно сопит, или орёт что-то нечленораздельное, или так же злобно что-нибудь скандирует. На то она и толпа: шумная неулыбчивость - это форма её существования, ведь коллективная гримаса - это не улыбка.
А когда люди улыбаются, в толпу они не превратятся, им это не грозит. Единственное, что угрожает людям - толпа, то есть горлопанящие кугуты, раклы, сявки. Клара уже давно поняла это, ещё в войну.
Обнялись с Ларисой Петровной, с Аней, Фёдором. Анин Федя - в шикарной милицейской форме, такой чистой, что, казалось, сверкала бы на солнце, если было бы, на чём сверкнуть. Аня держала его под руку, улыбалась знакомым - всем, кто шёл в их колонне, там ведь незнакомых не было.
Помахали Обидионам, те в ответ.
Почти всё Верхнее собралось, и никакой толпы - это ведь демонстрация. Верхнее смеётся, радуется неизвестно чему. Самая большая радость - это когда просто радостно, а отчего - одному богу известно.
Дождь боялся разгуляться, оставался безобидной мрякой. Думал, наверно, что если пойдёт, то испортит людям настроение. Смешно, честное слово! Разве хорошее настроение можно испортить, если оно - по-настоящему хорошее? Тем более, что оно всё равно не зависит от цвета листка на отрывном календаре.
Как там Миша? Клара и Самуил решили оставить его с Надей, а то всё-таки прохладно, да и мряка. Микола утром пошёл со всеми вместе на демонстрацию, а Надя как раз сейчас нарезала кавун - кавуны в этом году такие сладкие и сочные, что сахар

хрустит на зубах и арбузный сок чуть ли не заливается детям за шиворот. "Ой, боже ж мій, ну що ж ти у мене так замурзався!" - хохочет Надя, вытирая передником Мишину физиономию, всю в арбузе. И даёт ему ещё одну скибочку - красную-прекрасную, сочную-пресочную, и отрезает от буханки, точнее, от настоящей украинской паляниці, огромный-преогромный ломоть белого с желтоватым отливом свежайшего хлеба, какого нигде, кроме Украины, больше нет, как и кавунов таких. Кажуть, що астраханські кавуни, ну, арбузы, теж непогані, - але де та Астрахань, дай їй Бог здоров'я, а де ми?

Кавун с белым хлебом - что может быть вкуснее? Разве что холодная котлета с горячим борщом. А главное - кавуна ещё осталось видимо-невидимо, и паляниця - только началась, и это - не меньшая радость, чем сам кавун и сама паляниця.

И ещё Надя кладёт Мише в мисочку виноградную гроздь: "Ось тобі ще виноград. Солоденький, смачненький, кожна бубочка аж світиться!" Надя называет виноградины бубочками, они от этого ещё вкуснее, к тому же каждая и впрямь светится даже в пасмурный вроде бы день.

А кроме этого, Надя чего только не наготовила - гости же придут, свято є свято.

- Зі святом, дохтуре!
- І вас також, тётя Тоня!
- Зі святом, Кларисо Зіновіївно!
- І вас!
- Шо я тобі скажу, Сєня, - снова заговорил на суржике Микола, и Клара, вспомнив историю о приехавшем на ЗиМе городском интеллигенте, улыбнулась. - Шо я тобі, Сєня, скажу: інтелігенти - люди особі.
- Тебе, Микола, видней! - рассмеялся Самуил. - Мы с Кларой кугуты, откуда ж нам знать!
- Нє-є, - с очень серьёзным видом заметил Микола. - Ти, Сєня, - людина. І ти, Клара. Про вас нема чого казати, ви - свої люди.
- Спасибо, Коля! - улыбнулась ему Клара. - А то я уже начала в себе сомневаться.

- Та ви шо, яке там сомнєваться! Я кажу, мені тут приятель з Нижнього розповів - та ви знаєте: Гришка Твердохліб, родич нашого Васьки Твердохліба. Клара и Самуил кивнули - конечно, они знали своего соседа Твердохліба, как не знать, и о том, как его племянник на радостях закатился в костёр, тоже помнили. Теперь наверняка будут помнить и о Гришке.
- Ну от. Так Гришка мені каже - здуріти можна... Зайшла тут до нього сусідка, така вся собі російська женщина, прямо-таки московська. Недавно чогось переїхала в Нижнє, балакати по-нашому не вміє. Страшенно інтелігентна, ну аж пре з неї інтелігентність.

Микола помолчал: когда рассказываешь что-то важное, спешить нельзя. Помолчав, продолжил:
- Хоче вона у Гришки удобрєніє попросить, у нього ж хазяйство - дай бог. Ну, а як інтелігентно попросити, щоб тобі гівно дали? Гівно є гівно, шо в гівні інтелігентного? Воняє, от і все.

Клара расхохоталась в своём стиле, Самуил тоже, хотя история ещё не закончилась, основное било явно впереди. Микола продолжал - так же невозмутимо:
- Ну, вона йому і каже, - он заговорил "по-російськи", звук "г" на лету прямо дырки протыкал в воздухе: "Драгой Григорий Никитч! Не дадите ли мне..."
- А як сказати - чорт його знає. Не може ж така культурна російська женщина гівно назвати гівном. Ну, вона всі сили зібрала і каже, - "г" снова застучали горошинами, словно капли дождя по крыше:
"Григорий Никитч! Дайце мне, пажалста, дли хазяйства... куриных говен!.."

Мария Исааковна и Владимир Фёдорович, наверно, тоже услышали Кларин хохот и вместе с ней рассмеялись. Они пришли на демонстрацию рано утром, как полагается. Сегодня, как на отрывном календаре, во всём Харькове - красный цвет. И, конечно, музыка играет, и флаги, транспаранты, флажки, шарики. Портреты Ленина и Сталина, плакаты по-русски и по-украински: "Да здравствует 38 годовщина Великого Октября!", "Хай живе 38 річниця Великого Жовтня!". Слава богу, дождя нет, да и сравнительно нехолодно. Хотя если бы было холодно и шёл дождь - разве было бы хуже? Добирались в противоположную от площади Дзержинского сторону, до самого конца Пушкинской, где, выражаясь официально, формировалась колонна ТЭПа: Владимир Фёдорович по традиции шёл вместе с Марией Исааковной, а не со своим Вторчерметом.

- Ну их к аллаху, - весело проворчал Владимир Фёдорович. - От нас до площади Дзержинского - не больше пяти минут, даже если ползти по-пластунски. Так нет, пригнали сюда.

- Петкевич, попридержи язык! - как обычно, строго ответила Мария Исааковна.

Она знала, что если не пресечь эти рассуждения в зародыше, Владимир Фёдорович позволит себе намного больше. На прошлой демонстрации он подмигнул портрету кого-то из членов ЦК, который ему поручили нести, и сказал что-то вроде: "Тащишь их на себе всю жизнь, а им хоть бы хны". Впрочем, хоть бы хны было именно Петкевичу, - заметила сначала про себя, а потом, уже дома - вслух - Мария Исааковна. Но Кларин смех успокоил её.

Где-то на соседней улице, подумала Клара, строится-формируется колонна организации, в которой работают папка с Бертой, название - надо же - вылетело из головы. Зиновий пришёл в новом макинтоше, сколько Берта ни уговаривала его надеть пальто. Тепло же, Берточка, чего кутаться! Вот он сейчас, даже если не будет подходящей аудитории, расскажет, какие в войну были морозы 7 Ноября. Что с климатом произошло, непонятно...

Пацан позвал Фёдора, громко, чтобы музыку перекричать:

- Дядько Федоре! Дядько Федоре! Ходіть сюди, що скажу!

Аня нахмурилась, так, словно кто-то из её учеников позвал Тютчева или Достоевского, что ли. Никакой он не "дядя" и не "Фёдор", а "товарищ младший лейтенант". И сама рассмеялась своей строгости.

Фёдор поцеловал Аню, вышел из колонны. Поговорили с пацаном о чём-то - музыка слишком громкая, не слышно. Потом Фёдор помахал Ане и пошёл куда-то вместе с мальчиком - быстро, почти бегом, пацан еле успевал за ним.

Аня взяла Клару под руку, та - Самуила. Он поцеловал жену в щёку, а колонна, как обычно, двинулась к центру Верхнего. Лариса Петровна со своим классом, и Анин класс рядом. Ольга Петровна дома, ноги совсем уже не носят... Но к Наде обещала прийти после демонстрации, рядом же совсем.

- Это, по-моему, бабы Клавы внук, - сказал Самуил. Не помню, как его зовут... Толик, кажется...

А тем временем над Верхним не проплыла даже, а проползла тёмно-серая, могучая, ко всему безразличная туча, напоминающая уставшего бесцельно носиться взад-вперёд быка. "Що ж ти бігаєш, як бик по череді?!", - говорила Надя, если Миша носился взад-вперёд... Что-то скрывалось за несвоевременностью и бесцельностью этой тучи, но Клара решила не думать об этом. Как Миша, когда был маленьким, закрывался ото всех ладошками, чтобы поверили, что он спрятался и его не видно. Туча остановилась в небе, прямо над нею, над всем Верхним, и Кларе показалось, что праздничного красного цвета стало меньше.

Поэтому думать не получилось...

L

Собрались за Надиным столом. Самуил с Миколой его раздвинули, и всё равно места на всех еле хватило: и Обидионов пригласили, и Ольга Петровна пришла. Мишу с Колей усадили рядышком: в Чапаева в такую погоду не поиграешь - сыро, мряка, из тёмно-серой тучи того и гляди польёт, как из ведра, причём дырявого. Им обоим налили их любимого сока. Миша по-прежнему называл его автоматным, а Коля с удовольствием повторял за ним. С удовольствием, потому что всем известно, что это самый вкусный сок.

- Митуля, не сёрбай, - сказала Клара. - А когда будешь кушать - не чавкай. Ты же у меня интеллигентный молодой человек, правда?

Миша кивнул: маме виднее.

Федора всё ещё не было. Как можно в праздничный день непонятно где бегать? Ну да, он милиционер, ну и что? Празднуют они там, что ли? А зачем мальчик прибегал?..

Клара и Аня помогли Наде накрыть на стол, и на нём теперь было так же тесно, как и за ним.

Самуил поднялся, чтобы произнести первый тост, но не успел.

- Добрий день, - вошёл в хату Федір. Как-то странно выглядел... - Вітаю всіх з 37-ю річницею...

Снял шинель, остался в чёрной милицейской форме. Взгляд у него был - под цвет формы. Аня подбежала, поцеловала. Что-то в нём было необычное, с утра ничего подобного она не заметила.

- Устал, Федя?

Сели за стол.

- Як справи, Федоре? - спросила и Лариса Петровна.

- Заморився на роботі, бідолаха! - вздохнула Ольга Петровна.

Федір махнул рукой, тоже не так, как обычно:

- Та нічого, буває... - поднял штрафную. - Ну, зі святом вас! Будьте всі здорові, живіть довго!

Хотел что-то ещё сказать, но поцеловал Колю, посмотрел на него, снова как-то не так, - Аня старалась понять, как именно...

- Сєня, твоя допомога дуже потрібна, - сказал Федір Самуилу. - У мене тут машина, поїхали.

Самуил ничего не понял, поэтому нахмурился:

- А що трапилось?

- Что случилось, Федя? - спросила Клара. - Кто заболел?

Фёдор покачал головой:

- Треба подивитись. Ми пішли. Страшенно перепрошую!.. - извинился Федір, и они вышли из хаты, почти выбежали.

Все растерянно смотрели в окно на отъезжающую "ляговушку". Ничего не поняли, вернулись к столу.
- От і дощ пішов, - проговорила Лариса Петровна. - Як же без нього сьомого листопада?
"Интересно, в Харькове сегодня тоже идёт дождь? - подумала Клара, просто чтобы подумать о чем-нибудь нейтральном. - И вправду, как без дождя седьмого ноября?"
А главное, о чём она подумала - это что если бы Миша был маленьким, он бы наверняка заплакал: маленький ребёнок чувствует мамино настроение, как камертон - музыку. А теперь ему, слава богу, почти 4 года, поэтому музыка приутихла - тоже слава богу, конечно...
Лариса Петровна так и не успела обсудить с Кларой ещё что-то важное, например, Достоевского - они тогда не договорили. Или какие-нибудь старинные стихи. А там бы и остальные гости подключились... Но сейчас Клара невесело и отстранённо смотрела в окно, и это было совсем на неё не похоже...
И отец Александр молчал, и взгляд его застыл на яблоне-анисовке, безнадёжно и беспомощно махавшей промокшими, продрогшими ветками, а кому машет, зачем - одному Богу известно... Казалось, он хотел рассказать о том, как одна женщина, Валя Обидион, вы знаете, родственница ваших соседей, вчера спросила у него:
"Скажіть, ви точно знаєте, що там... ну, там... що-небудь є?.."
Она не сказала, где именно и что именно есть, потому что и так было понятно. Отец Александр улыбнулся ей и ответил:
"Не просто знаю, доченька. Не просто знаю - верю".
А ей хотелось совсем даже не верить, а всего-навсего - знать. "Всего-навсего", потому что верить - неизмеримо сложнее, иногда даже ему самому не верится... И так хочется узнать, и когда-нибудь он узнает... А пока остаётся самое сложное и важное, ничего нет важнее и сложнее: верить... Он об этом не говорил никому, и не скажет... И вот сейчас - Надина яблоня-анисовка безнадёжно и беспомощно машет озябшими ветками, а кому машет, зачем - одному Богу известно... И отец

151

Александр молча смотрел в окно, не в силах помочь ей. Так же, как Вале Обидион...

И Микола словно разом забыл все свои поучительные истории, да если бы и вспомнил - вряд ли кто-нибудь из гостей рассмеялся. Обычно-то смеются, но сейчас было - необычно...

Надя подала горячее. Надино жаркое - это что-то особенное, его всегда все ждали и съедали подчистую. "Готуєш, готуєш цілий день, - весело жаловалась она Кларе, и они обе при этом понимающе улыбались, - а з'їдають усе за секунду, як і не готувала". А сейчас - не особо и ели, разве что из вежливости. Ну, Миша и Коля в данном случае не считаются: горячее жаркое, если его запивать прохладным томатным соком, - почти как борщ с холодной котлетой. У мальчишек трещало за ушами, это было слышно в притихшей комнате. И Клара тихонько сказала:

- Митуня, ты обещал не чавкать...

Сказала почти автоматически, потому что думала о другом...

О том, что там, где недавно шла их демонстрация, на земле остались бывшие когда-то красивыми и важно надутыми спустившие шарики, а дождь и ветер треплют надписи на русском и украинском языках:

"38 годовщина Великого Октября".

"38 річниця Великого Жовтня".

Она взглянула на Ларису Петровну, а та смотрела в окно, уже, кажется, не замечая Надиной яблони. И дождя, который больно - Клара чувствовала, что больно, - колотил по внешне безжизненным, но ведь ещё живым яблоневым веткам....

LI

Слякоть чавкала - ну прямо какой-то голодный кугут.

"Что за язык у тебя, дочка? Ты же интеллигентная девочка".

Ноябрь - вообще непонятно что: уже не осень, ещё не зима. Ни то, ни сё. Переходный возраст. Неужели я в переходный возраст была такой противной?

"Ты, доченька, и сейчас далеко не подарок, честно говоря".

"Ну, мама, подарок - это незавоёванная награда, а я - дорогого сто**ю**".

- Рассказывай, Сеня. Что там стряслось?

Самуил рассказал. Вечером вообще как-то легче рассказывается. Впрочем, рассказывается всегда легче, если есть кому рассказать, - даже когда рассказать вроде бы и невозможно. Или - тем более...

Баба Клава ждала гостей после демонстрации. Всё утро готовила, осталось довести до ума только салат оливье, без оливье ведь праздник не праздник. С бабой Клавой только Виталик остался на хозяйстве, родители решили не брать его по такой погоде, хотя старших взяли...

И вот надо же - соль закончилась, одна крупная осталась, а такую в оливье, ясна річ, не насыпают: хто таке олів'є буде їсти? Хотела в магазин сходить - так сегодня всё закрыто, праздник же.

"Ах ти ж, господи", - вздохнула баба Клава, собираясь к соседям, попросить мелкую соль. Напротив как раз хата Витьки Бормотуна и его Бормотухи, наверняка у них есть.

- Віталік, я зараз повернусь, сиди дома! - крикнула внуку и пошла к Бормотунам. На демонстрацию они точно не ушли: у них ребёнок маленький, да и вообще Витька по демонстрациям не ходит. Куда он вообще ходит?

Постучала в ворота. Никто не ответил. Громче постучала. Снова не отвечают. Не может быть, чтобы куда-то ушли, ещё и в такую погоду... Подождала минуту-другую, затарабанила:

- Фрося, ти там? Відчини на хвилинку! Це я, тьотя Клава!..

Дверь Фроськиной хаты открылась, кто-то вышел на ступени - из-за ворот не видно.

- Хто там? - спросил голос Витьки Бормотуна.

- Ой, це ти, Вітя! - обрадовалась баба Клава. - Зі святом тебе і Фросю!
- А шо таке? - ответил Витька.

Баба Клава знала, какой у Бормотуна характер, поэтому не особенно удивилась, что он её не поздравляет. Та і яке для нього свято? Для Витьки что праздник, что не праздник - один чёрт.
- А Фросю можна на хвилинку? - спросила она.
- Немае Фроськи! - отрезал Бормотун.

Баба Клава удивилась:
- Та ти що? - сказала она, - Як немає? А де ж вона?

Бормотун сплюнул, было слышно.
- Не знаю, кудись пишла. Чорт її знає. Може, на той - на демонстрацию.
- Тю на тебе! - ещё больше удивилась баба Клава, даже возмутилась немного: сильно она никогда не возмущаласмь. - А дитинку ж на кого залишила? На тебе, чи що?

Оставить шестимесячного ребёнка на Витьку?..

Бормотун явно свирепел там, за воротами.
- Може, той, з собою забрала. Я не бачив. Іди, баба Клава, у мене роботи багато!

Бормотун с утра уже был вроде на підпитку: язык у него не заплетался, но свирепость, кажется, была неспроста.

Баба Клава испугалась. Какая работа 7 Ноября?
А Фрося де?
А Валечка?
"Ой, божечки!" - она в ужасе перекрестилась и побежала домой.
- Віталік, внучок! - бросилась к Виталику. - Слухай, біжи на демонстрацію, знайди дядю Федора, міліціонера, ти знаєш...

Виталик кивнул: дядю Федора он, конечно, знал - хто ж його не знає?
- Дітонько, скажи йому, нехай швидше їде сюди: тут щось у Бормотунів не так. Ворота не відчиняють, Вітька злий як собака!.. А де тьотя Фрося з дитинкою - не каже, паразит такий! Біжи швиденько! Щось тут дуже погано, щось не так!..

154

Виталик кивнул, быстро оделся и побежал. Задание было интересное, и, может, повезёт прокатиться на милицейской машине.

Грязь продолжала сердито чавкать - ноябрь, разумеется, постарался... И фонари верхнянские светили так, что лучше бы вообще погасли - как будто отделаться хотят.

Раньше Клара этого как-то не замечала. Да раньше они вроде бы светили как следует... Или было просто светлее? Дни были длиннее, между утренней темнотой и вечерней - бесконечный день. Летний день даже когда заканчивается, то кажется, что он не совсем закончился, просто ушёл на перерыв, вот-вот начнётся снова. И он и вправду начинался.

Федір и дежурный, младший сержант, которого он на свой страх и риск сорвал с дежурства, громко постучали в ворота Боромотунов:

- Відчиніть, міліція! - так гаркнул младший лейтенант, что младшему сержанту страло страшновато...

LII

Похолодало в Харькове... Демонстрация прошла, как будто и не было, и от праздника остался только второй выходной день.

Стемнело, хотя на площади Дзержинского и на Сумской было довольно светло, фонари не подводили. Вот только холодная сырость делала город неприветливым и неуютным. Госпром возвышался над озябшей площадью, с которой ещё днём убрали следы демонстрации - сдувшиеся шарики, пищалки, детские флажки - это ж надо было флажок потерять!..

Тарас Шевченко, как мог, кутался в пальто на своём холодном мраморном постаменте, смотрел куда-то за Сумскую, поверх молодящихся зданий. Что-то видел там, за крышами, по которым стучал, неясно что кому доказывая, холодный дождь. А что видит, никому, конечно, не скажет...

Белоснежный Максим Горький мёрз в парке Горького. Побелел от холода, сказал бы Владимир

Фёдорович, а что ответила бы Мария Исааковна - можно себе представить.

Прошла демонстрация, один холод остался. Промозглый какой-то, не зимний, ноябрьский.

Зато в харьковских квартирах было тепло. И на Сумской, у Марии Исааковны и Владимира Фёдоровича, и у всех соседей по огромной коммуналке, и на Маяковской, у Берты и Зиновия, и на Доброхотова - у Розы с Семёном и всего их семейства. Никого не осталось на харьковских улицах. Все люди сидели за зашторенными окнами, предвкушая завтрашний выходной, когда бежать никуда не нужно, а столько вкусного осталось со вчерашнего праздника, что праздник кажется бесконечным, и от этого было спокойно и радостно, и разговаривалось неторопливо и несуетливо, и никуда не спешилось... И это не могло закончиться. Они даже и не планировали, что будут делать завтра, потому что день придёт ещё не скоро, и длиться будет намного дольше обычного дня, и всё само собою спланируется.

Харьков отдыхал после праздника, надеясь, что праздник не закончится никогда. И он не подводил, не заканчивался. А впереди был целый бесконечный выходной день.

Думалось спокойно, неторопливо - некуда ведь торопиться.

Семёна Михайловича ждал, отдыхая, Велозавод, он там работал маляром. Изю, двоюродного брата Самуила, ждал "Серп и Молот", он ремонтировал станки. "Серп и Молот" и Велозавод - друг напротив друга, на проспекте Сталина. Ехать туда - на трамвае, к 7 утра каждый день. Зато домой возвращаешься рано, около 4-х часов, и тогда целых полдня впереди...

Иду ждала её мыловаренная фабрика. Майю - школа.

Зиновия и Берту - Гипрококс - солидное здание на углу Сумской, напротив Обкома партии, где Владимир Фёдорович до войны гулял с Кларой.

Вторчермет ждал Владимира Фёдоровича, ТЭП - Марию Исааковну.

Ждали бесконечно, соблазнительно долго: весь сегодняшний нескончаемый вечер, а потом - долгий-предолгий, прекрасный, по-прежнему праздничный день. И Верхнее хотело бы, как обычно, подольше сохранить праздник, и старалось изо всех сил. Старалось...

LIII

Витька Бормотун открыл ворота. Под градусом был, как обычно, но взгляд какой-то не такой, Федір сразу это заметил.
- Пішли в хату! - приказал младший лейтенант.
Бормотун стоял как вкопанный, загораживая дорогу.
- А шо таке? Шо ви вриваетесь? Ми ще спымо!
Федір отодвинул Бормотуна - спит он, видите ли, а сам уже пьяный в дребадан, - и они с младшим сержантом быстро пошли в хату.
Соседский петух рявкнул ни с того, ни с сего, аж стёкла задрожали, будь он неладен. Можно подумать, что баба Клава подступила к нему с ножом к горлу. Клара улыбнулась, но невесело - весело не получалось и не хотелось... Сколько тогда было Мише? Полтора года, нет, год и 7 месяцев. Он стоял посреди огорода и плакал навзрыд: ему на щёку сел комар и кусал что есть мочи, а Миша не понимал, что его кусают, и плакал безутешно. Клара подбежала, прогнала комара, поцеловала Мишу в укушенное место, а Надя помазала лечебным травяным соком...
В хате было почти темно, Федір включил свет. На стуле посреди комнаты сидела перепуганная, зелена якась, Фроська, в руках у неё - Валя, только личика не видно, замотана вся.
Младший лейтенант посмотрел на Пукалиху, на Бормотуна, потом на Валю. Что-то было не так, но он не понимал, что именно.
- Ти чого така перелякана? - строго спросил он у Фроськи.

- Та всьо в порядке! - бодро ответил за неё Бормотун. - Дытына спить, Фроська її качає, ну шо тут такого?!
- А чого вона у вас не в люльці спить? - не понял младший сержант. У него ребёнок спал только в колыбельке, вот он и удивился.
- Та яка разниця, де хто спыть! - буркнул Бормотун, а Фроська молчала, тараща глаза от испуга.
"Она, конечно, далеко не Вивьен Ли, - неуверенно возразила Клара Перебейносу. - Но этого же ещё недостаточно..."
Федір снова перевёл взгляд с Фроськи на Бормотуна, потом на ребёнка.
- А ну покажіть дитину!.. - потребовал он, начиная подозревать неладное.
- Шо? Та шо її показувать?! - возмутился Бормотун. - Кажу ж тобіи спыть дитина. Шо ти лизеш, як той?.. Як його?..
Пукалиху всю трясло, это чувствовалось, даже если закрыть глаза. Клара закрыла, но дрожь не прошла, совсем наоборот.
Федір подошёл к Фроське. Несмотря на её сопротивление, ухитрился заглянуть в свёрток - и его затрясло точно так же.
Приказав младшему сержанту остаться, следить за Бормотуном и Фроськой, рванул домой, где уже собрались гости: Самуил наверняка там, а врач нужен срочно.
Иван Дормидонтович побледнел, кажется...
Никифор Фёдорович вздрогнул и попробовал отвернуться...
Вернее, уже не нужен.
Они вернулись быстро, хотя Федір для приличия и чтобы не пугать маму и бабушку, немного посидел со всеми за столом.
- Ти там той... подивись на дитину, Сєня... - не сказал, а скорее выдавил из себя младший лейтенант. И не выдавил даже - промычал, что ли.
- Допоможу чим зможу! - пообещал Самуил. - Хоч я і не дитячий лікар, ти ж знаєш.
Федір вздохнул, потом кашлянул, бросил окурок:

- Та ні, - проговорил он через силу. - Ти тільки подивись, а допомогти вже не зможеш...
Самуил посмотрел на него так, что младшему лейтенанту стало страшно. Раньше Самуил никогда так не смотрел.
Малина и вправду сделала своё дело: сыпь у Миши высыпала по всему пузу и по груди. Хорошо хоть, не чесалась. Самуил успокоил Клару, что ничего страшного, сыпь пройдёт сама по себе, и она прошла через несколько дней. С тех пор Миша перехотел быть Витей и на малину не мог смотреть целый год.
Клара вернулись домой, потому что отчего-то забеспокоилась, хотя повода для беспокойства вроде бы не было...
На Бормотуна Самуил даже не взглянул. Пукалиха выглядела пришибленной, как будто перепила непонятно по какому поводу - какие там у Фроськи праздники...
Самуил взял ребёнка, аккуратно положил на кровать, развернул. Осмотрел профессионально, то есть желательно без эмоций. Впрочем, совсем без эмоций на этот раз не получилось даже у него.   Диагноз поставил правильный, в этом смысле профессор Кац был бы доволен своим лучшим учеником. Но медицина всё равно оказалась бессильной: Валя была мертва.
На шейке - ты бы видела эту шейку! - зияла рана от укола чем-то острым.   Крови уже не было, осталась только рана.
Младший лейтенант пришёл в себя: арестовал Пукалиху и Бормотуна, вызвал из области судмедэксперта и следователя. Когда расставались, хлопнул Самуила по плечу:
- Ти вибач, Сєня, треба було зразу ж судмедексперта викликати. А я спочатку розгубився, тебе зі свята зірвав.
- Пішли вип'ємо, - сказал Самуил.
Потом подумал и покачал головой:
- Ні, не можу: Клара чекає.
И пошёл к Кларе.

LIV

Ноябрь вроде бы и не торопился никуда, а пролетел, только его и видели. Посвистел, словно Самуил свистнул во всеуслышание на всё Верхнее. И пришёл декабрь, неожиданный, по-довоенному светлый...

Миша любил гоголь-моголь не меньше, чем горячий борщ с холодной котлетой или блюдо Клариного изобретения: мелко-мелко порубленные лук и яйца с постным маслом.

Но гоголь-моголь - более романтичное блюдо, более поэтичное. Клара специально придумала для Миши стишок, вернее, что-то вроде перевода английской считалки. И хотя перевод получился не очень (а у кого перевод когда-нибудь получался очень?), Мише стишок всё равно понравился. Он вообще любил, когда мама читала ему стишок, особенно - свой собственный. А то, что стишок её собственный, было понятно потому, что он не из книжки.

Вместо трона король
На стене восседал,
Гоголь-моголь за обе
Щеки уплетал.
Но объевшись, упал -
Тяжеленный, как слон.
Вытер губы, вздохнул
И вернулся на трон.

Мише не грозила королевская участь: он не был тяжеленным, как слон, и на стене сидеть не любил, да и Надя была бы против. И трона у неё тоже не было.

Декабрьский день светился, как Клара после первой своей адвокатской речи. Хотя сегодня светиться не было повода, как раз наоборот. Впрочем, день в этом виноват не был, он и не догадывался о том, что у него нет повода светиться.

- Следствие, Кларочка, в разгаре, - ответил Никифор Фёдорович. - А они, ты же знаешь, заранее ничего особо не рассказывают...

- Ну, а всё-таки? - настаивала Клара.
Гнида развёл руками, ответил не сразу.
- Чем-то острым пырнули ребёнка. Попали в сонную артерию. Спицей, что ли. Защищай их теперь...
Клара покраснела, как краснела раньше только тогда, когда на неё находил приступ хохота. Потом проговорила:
- Возможно, я не лучшая мать...
- Ты?! - удивлённо переспросил Гнида. - Смотрю вокруг и лучше что-то никого не вижу.
- Лучше, чем плохо, не значит хорошо. Никифор Фёдорович. Возможно, я не лучшая мать, но всё-таки - мать. И защищать эту... так сказать, женщину... не буду.
Никифор Фёдорович встал, подошёл к окну. Долго смотрел куда-то, ничего не видя, потом повернулся к Кларе:
- Кларочка, не хочу быть злопамятным, но ты же нас с Перебейносом убеждала, что человеку необходима altera pars. Тут и убеждала, и убедила - хотя нас в этом убеждать не нужно.
- Человеку - необходима! - отрезала Клара.
Гнида вздохнул.
- А кто решит, кто есть кто? Даже если перед нами - вроде бы полное ничтожество.
Клара покачала головой:
- Фроська не какое-нибудь ничтожество, а очень даже чтожество: она сама всё решила, обдуманно. Была бы обычным ничтожеством - её бы заставили. Никифор Фёдорович, я знаю, что отказываться не имею права, меня и из коллегии адвокатов могут убрать. Но защищать Пукало не буду. Не смогу, честное слово... Ни её, ни этого... Бормотуна, что ли.
Никифор Фёдорович покачал головой, помолчал. Снова вздохнул:
- Тебя, слава богу, не уволят, Кларочка, ты - молодой специалист. А вот мне никак нельзя отказываться...
- Вы меня простите, Никифор Фёдорович, - сказала Клара. - Я понимаю, что подвожу вас. И очень вам

благодарна за поддержку! Поймите меня и не обижайтесь, хорошо?

Гнида вздохнул в третий раз:
- Да разве мужчина может на тебя обидеться?

Кларины брови взлетели, как не взлетали уже давно, с тех пор, как Самуил в последний - она посоветовала ему, чтобы это был последний - раз, - закурил в её присутствии. Никифор Фёдорович улыбнулся:
- Ты тоже меня извини. Я имел в виду не мужчину, а человека.
- То-то же, - заметила Клара. - Все профессора лысые, но не все лысые - профессора.

Они рассмеялись было, радуясь тому, что есть повод рассмеяться, но тут же поняли, что повода нет.

LV

А украинский день - не ночь, а день - и не пытался, кажется, никто описать. Думали, наверно: а зачем?

Вообще-то о днях немало написано, и говорено много, но украинский день - не такой, как другие. Похож на них, конечно: порядковым числом, названием, да мало ли чем. Но главным - отличается. А вот как выразить - чем?

Миша копал снег, а тот всё падал и падал неуёмными хлопьями. И Миша ждал, когда же хлопья наконец-то захлопают в свои невидимые снежные ладоши, но они лишь неслышно опускались на его лопатку, шапку, завязанную под самым подбородком, белую шубку. Укладывались в зефирный сугроб, притворялись спящими, неразличимыми в этом бесконечном, не страшном, хотя и огромном сугробе. И день был таким же бесконечным, белоснежным, громадным, беззвучным, как падающий и падающий снег.

В этом снеге был, кажется, бесконечный, как он сам, смысл, но Мише рано ещё было его разгадывать. Он просто копал и копал своей лопаткой, а Клара смотрела на него из окон Надиной хаты-дома и думала, знала - как это сказал отец Александр? - больше чем знала - верила, - что он - не один. Хотя ещё и не верит, что не один, и даже не знает...

Ёлку уже поставили и нарядили: что может быть лучше, чем родиться всего лишь за четыре дня до Нового года? Сначала празднуешь день рождения, потом - Новый год, потом - мамин день рождения и Рождество - впрочем, они его ещё почти что не праздновали, но всё равно ведь.

Под ёлкой стоял Дед Мороз, шуба у него тихонько похрустывала, если потрогать пальцем, и был он такой сказочный и величественный, что Миша побаивался брать его в руки. И Снегурочку - тоже.

А пока до его дня рождения оставалось невероятно много времени - целых два бесконечных, нескончаемых дня. А до Нового года - так счастливо долго, что и представить себе невозможно. Утром 27 числа он проснётся, и рядом с диваном, на стуле, будет лежать подарок. Мама, конечно, ни за что на свете заранее не скажет, какой именно, на то он и подарок. И угадать невозможно - да и что это за подарок, если можно угадать?

Клара, конечно, не сказала Мише, что положит на стул книгу "Сказки народов мира", Самуил специально заранее смотался в город. И, конечно, она не сказала Мише, что эта книга будет у него любимой. А под ёлку она положит другую - "Русские народные сказки", она тоже станет любимой, и матросский костюмчик, подарок Марии Исааковны и Владимира Фёдоровича. И пластмассовую лодку, с зелёной палубой и коричневым дном, от деда Зямы. И ещё один костюмчик (сколько ребёнку нужно этих костюмчиков?) - от родичей Самуила. И ещё всякую всячину от Нади с Миколой, от семейства Ларисы Петровны... Ольга Петровна передала свой собственный подарок - лопатку. Но пока он копал старой, время новой ещё не пришло.

Ещё даже не закончится декабрь. А потом, после Нового года, впереди будет целый долгий-предолгий год, ведь даже до следующего месяца, февраля, будет далеко, а февраль - это почти самое начало года.

Те первые годы пролетели невероятно быстро, но этот, новый, будет совсем другим: он будет длиться и длиться, и никогда не закончится. Почти никогда...

А снег шёл и шёл с нависшего над самой землёй неба, и Клара думала, что небо так близко, что различить, где небо, а где земля, невозможно, сколько ни читай и сколько потом ни размышляй об этом. И туч на неторопливо сошедшем на землю небе не было, просто небо стало серо-сизым. Ну разве способны тучи на такой безобидный, неспешный, ненавязчивый снег?

И тёплый - думал Самуил, глядя в то же окно. Украинский день - это когда небо сходит на землю и когда идёт - нет, не идёт, а тихонько крадётся, неслышно подкрадывается и гладит по щекам тёплый светлый снег.

Сквозь него, сквозь этот снег, доносился едва слышный, убаюкивающий, колыбельный звон малиновых кустов, ещё недавно красно-зелёных, а сейчас - наивно, беззащитно белоснежных. Снег совсем не скрадывал тихого звона, а, кажется, даже слегка усиливал его. И Клара не только слышала, но и почти видела из окна сказочно тихое, почти никому не слышное, почти никем не видимое малиновое позванивание. Пока лишь ей одной слышный малиновый перезвон.

LVI

Ольга Петровна два дня не дожила до Рождества...

Отпраздновали все вместе Новый год, уже - Господи, как же летит время! - 1956-й, она вроде бы неплохо себя чувствовала.

А за два дня до Рождества не проснулась...

День её похорон, предрождественский, был по традиции - или уже по инерции - солнечным и безветренным. Деревья потрескивали, словно дрова в костре, только очень холодном. Снег под негреющим солнцем был похож на сахар-песок, просыпавшийся из какой-то бездонной сахарницы.

Всё Верхнее, словно снятое в старом кинофильме и вышедшее на улицу из клуба "Победа", где была панихида, казалось таким же чёрно-белым и немым: Лариса Петровна сказала, что ни о каких оркестрах речи быть не может.

Народу собралось даже больше, чем собиралось на демонстрации: и Верхнее, и Нижнее почти в полном составе шли от "Победы", хотя кладбище было далеко, идти минут сорок, наверно, да и то если быстрым шагом, а сейчас шли медленно.

Мишу оставить было не на кого: Надя с Миколой ушли вместе со всеми. Поэтому Аня привела к нему Колю - всё-таки Коле ещё рановато участвовать в похоронах. Их заперли до возвращения родителей и сказали, чтобы не баловались, - хотя они и так никогда не баловались.

На могиле кто-то что-то говорил, больше плакали, некоторые навзрыд. Лариса Петровна молчала, смотрела на гроб, то ли слушая, то ли не слыша. И когда к ней подходили и подходили и что-то сочувственно говорили, она, в отличие от говоривших, не плакала, тем более не рыдала, и по-прежнему то ли слушала, то ли не слышала...

- Лариса Петровна, - тихо спросил Самуил, когда пришло время возвращаться домой, - а где Пётр Антонович лежит?

Лариса Петровна вздохнула почти неслышно.

- Далеко, Сенечка... Мне туда не добраться...

С кладбища она уходила последней, после Самуила и Фёдора. Клара и Аня держали её под руки. Люба с Веней шли за ними.

Молчали долго, почти до самого дома...

- В райкоме говорят, - проговорила Лариса Петровна, - что собираются поставить мамин бюст.

- Чего это они? - спросила заплаканная Аня, ещё крепче прижимаясь к Ларисе Петровне.

Та слегка пожала плечами:

- Мама - заслуженный учитель республики...

Она снова замолчала. Потом сказала - довольно громко, по-прежнему не плача:

- По поводу любой трагедии - личной, общественной... любой - можно устроить торжественное собрание.

Клара тоже теснее прижалась к ней.

Аня заплакала, попросила:

- Ну что вы, мамочка, могут же услышать...

Лариса Петровна, казалось, усмехнулась:
- Они уже, доченька, столько всего от меня слышали, и столько раз принимали меры...
Помолчала и добавила:
- Максимум - обойдусь без торжественного собрания... А мама - без мраморного бюста - или какой там они запланировали.
Когда вернулись, Коля пошёл к родителям и бабушке.
Миша вышел во двор копать снег, похожий сегодня на сахарный песок и на зефир одновременно.
Он копал поочередно двумя лопатками - новой, которую подарила Ольга Петровна, и старой. Если старую оставить дома, ей будет обидно.
Клара смотрела на него и думала, что в этом он пошёл во Владимира Фёдоровича: тот тоже не может расстаться со старыми вещами, хотя новые ничуть не хуже, причём, главное, новее. А говорят, что невозможно пойти в человека, если он тебе не родной. Да разве только эту чушь говорят?
Собираясь на поминки, Клара подумала ещё и о том, что не зря во многих языках нет слова "родной". Раз нет слова, значит, нет такого понятия. А раз нет понятия, то какой в слове смысл?
А Миша копал и копал сахарно-белый снег обеими лопатками, по очереди. Снег не заканчивался, и весь бесконечный год был тоже впереди - просто Миша этого ещё не знал... Нет, уже знал, но ещё не умел верить.

LVII

Проспект Сталина остался позади. Он уходил далеко в заводские районы Харькова, пересекая их, развозя людей сначала на работу, потом домой. "Серп и Молот" с "Велозаводом", потом Турбинный, ещё дальше - громадный ХТЗ - тракторный, потом - небольшой Плиточный, она там одно время работала заместителем главного инженера...
Мария шла домой из своего ТЭПа. Решила пройтись пешком, это не так уж долго: от переулка

Короленко до их дома на Сумской - минут сорок, если не спешить. Впрочем, куда спешить после этого партсобрания?

Зима пролетела почти незаметно, это всё чаще случалось с зимами... В начале января Кларе исполнилось 27 лет. Господи, уже 27... Володя периодически повторяет: "Что они забыли в этом Верхнем?.." И Мише уже целых 4 года... Клара пишет, что матросский костюмчик ему подошёл, будет не на вырост.

Темнело по-прежнему рано, после рабочего дня Харьков выглядел сонно-равнодушным. Сумская неохотно поднималась вверх, плелась от площади Тевелева, мимо Мишиного любимого кондитерского магазина, мимо Зеркальной струи, Гипрококса, Обкома,...

Мария не хотела думать о собрании, но перевести внимание на обычно более важное не получалось. Наверно, впервые...

Она вступила в партию во время войны, на Урале, в 1942 году, когда ничего ещё не было ясно.

Везде, где она работала, её уважали и слушали, хотя она была далеко не старейшиной. Мария была главным инженером огромного множества проектов: проектировала большущие электро- и теплостанции по всей стране, самые большие в мире.

А сегодня - тоже впервые - она почувствовала, что уважение осталось в прошлом. Ушло, как проспект Сталина.

Только что в ТЭПе закончилось закрытое партсобрание. Мария любила закрытые партсобрания, на них всегда обсуждалось что-то особенно важное. Она надеялась, что и сегодня будет как обычно и она будет идти по Сумской, улыбаясь почти незаметно, чтобы не вызвать удивления прохожих, и Харьков будет таким же весёлым и постоянным, как Зеркальная струя. Собственно, не то чтобы надеялась - была, как всегда, уверена.

...Парторг ТЭПа начал за здравие, только ей непонятно было, почему это нужно обсуждать на закрытом собрании: все и так прекрасно знали о 20-м съезде, ну и

что тут секретного? Недавно ведь уже было открытое партсобрание, там всё обсудили.
Да нет, всё не так просто...
Марии впервые в жизни стало скучно. Не то чтобы она растерялась от того, что сказал парторг, - но стало безразлично и скучно. И с мыслями собраться не удавалось, да и не хотелось. Просто шла себе по Сумской, никуда не торопясь, мимо строительного института, который давным-давно закончила с красным дипломом, мимо огромного гастронома, глазеющего на памятник Шевченко, и не заметила, как прошла их 82-й дом, потом магазин на углу Каразинской, дошла до Маяковской, где на противоположной стороне - дворец бракосочетаний, которым она обычно любовалась, и пошла назад, домой.
Володя будет расспрашивать...
Она никогда не болтала лишнего, и вообще не болтала - может, благодаря этому и уцелела. И самолет за ней лично присылали, и летала в командировки на озеро Севан, и на Иссык-Куль, и на урановые рудники. И благодарности ей объявляли по партийной линии, а взысканий, естественно, у неё никогда не было и быть не могло. И медаль "За доблестный труд в годы Великой Отечественной войны" вручили. И наградили большими памятными часами, похожими на те, что носят на жилетке, и выгравировали на крышке очередную благодарность...
...Парторг строго сказал - никому пока ничего не рассказывать.
Она и сама это понимала - но себе самой нужно же объяснить... А объяснить она не могла...
Конечно, там - она не посмотрела вверх, потому что голову поднимать сейчас не хотелось, - там знают, что к чему, всегда знали, и она всегда принимала всё как должное. И сейчас, конечно, примет... Только не сразу, нужно как-то самой себе объяснить, что случилось.
Лифт звякнул, он поднялась на 4-й этаж, в старую коммуналку, в которой они жили, вернувшись из эвакуации.
Вошла в комнату, положила сумку. Посмотрела на белоснежный бюстик на книжном шкафу.

мета... Судя по всему, скоро придётся убрать его с видного

LVIII

Не спалось... Клара встала, чтобы не ворочаться. Самуилу завтра и так рано вставать, а если бы он увидел, в каком она состоянии, вообще не уснул бы. Вечером она не показывала виду, но сейчас не показывать было некому, вот она и встала. Подошла к Мише - он спал, как всегда, без задних ног.

Потом - к окну.

Снова подумала, что своего решения не изменит - не станет защищать ни Бормотуна, ни тем более Фроську. Этого ей никто не советовал и, ясное дело, не навязывал (навязать что-нибудь Кларе?). Собственное решение, даже ошибочное - а это ошибочным не было - всё равно лучше, чем навязанное, каким бы безошибочным оно ни казалось навязавшему и кем бы ни был навязавший.

Клара понимала, что защищать нужно каждого, и ведь именно защищать каждого их учили в юридическом институте. И профессор Фукс говорил об этом на лекциях по Римскому праву.

Audiatur et altera pars... Её любимый лозунг сейчас казался праздничным транспарантом, оставленным после демонстрации мокнуть под неприветливым дождём.

Но Клара приняла решение и понимала, что не изменит его.

Следствие закончилось. Оказывается, Бормотун поставил Фроське ультиматум: или он, или Валька, вечно плачущая, чего-то требующая. "Тоже мени - великэ цабэ!" Он целый день вкалывает грузчиком в сельпо, приходит домой - ну, то есть, к Фроське, своей хаты у него не было, - а та вечно занята, вечно ей не до него, вечно Валька на первом месте. Ну, не так, чтобы совсем не до него, но всё равно Валька мешает.

"На чорта мени ця Валька?! - рявкнул он на Фроську. - Не хочешь залишитись сама, роби шось з Валькою. Вона мне не нужна".

"Так а шо ж мені з нею робити, Вітя?" - жалобно проскулила Фроська.

"Та мени начхати, - пожал плечами Бормотун. - Хоч выкынь, хоч вбый. А не хочеш - я пишов, на чорта ты мени здалась".

Хотя куда он пошёл бы?

Вечером, перед сном, Фроська, как обычно, купала Валю в тазу. Бормотун стоял рядом, смотрел выжидающе. Фроська взяла огромную цыганскую иглу и - Клара оперлась рукой о холодное оконное стекло - ткнула Валю этой иглой, вернее, спицей, в шейку, в сонную артерию.

Клара попробовала вздохнуть, но не получилось: перестало хватать воздуха. Она потёрла лицо холодной рукой, стало чуть легче.

Всю ночь совещались, что делать - закопать где-нибудь, что ли? А как потом объяснишь, куда ребёнок делся? Да и весной найти могут, когда снег сойдёт. Ничего толком не придумали, а утром нагрянула баба Клава, як з носа випала, стара дура. Потим Хведька, та ще й цього дохтура прывив.

Клара снова подошла к Мише, поправила одеяло, вернулась к окну. Бедный Никифор Фёдорович - чтобы защитить Клару, ему придётся защищать Фроську.

У Бормотуна будет свой адвокат, из города.

Бормотун - рецидивист, его песенка, судя по всему, спета.

А вот Никифору Фёдоровичу придётся несладко...

Но изменить своё решение Клара не могла: согласиться защищать Фроську значило подвести всех - и Мишу, и Самуила, и профессора Фукса. Подвести ещё больше, чем если отказаться защищать её.

День суда приближался. Приближался день, когда Клара впервые в жизни пойдёт против Римского права. Не станет той самой второй стороной, ради которой поступила в юридический институт...

В голове крутился, но никак не придумывался новый стишок...

Когда-то Римское право и счастье были синонимами...

А теперь день суда приближался, как скорый поезд, выбившийся из графика.

То, чего ждёшь с нетерпением, плетётся тем медленнее, чем сильнее хочется. Зато всё, чего не хочешь, чего боишься, летит к тебе безжалостно быстро: вроде бы - далеко, не видно, когда ещё будет, - но всё равно чувствуешь: вот-вот, вот оно - вынырнет из-за поворота, обрушится, никуда от него не денешься. И ругаешь этот поворот за то, что не может уберечь тебя. Да разве ж - поворот виноват?

Слава богу, у счастья есть и другие синонимы...

Самуил подошёл к Кларе, обнял за плечи. Поцеловал, сказал:

- Ще спати і спати.

Клара улыбнулась, поцеловала его в ответ.

Они молча постояли у окна и пошли спать.

LIX

Самым главным событием 1956 года для Блехманов было, конечно, получение квартиры. Посёлок Герцена - совсем новый район, но 5-ю марку туда уже пустили, и дома на улице Байрона - один в один: двухэтажные, кирпичные, чистенькие. Прелесть!

А их дом 19/2 - вообще лучше всех, ведь там - их новая квартира. На втором этаже, а значит - с балконом! Это вам не Доброхотова, при всём к ней уважении.

Поднимаешься по лестнице с высокими ступеньками, звонишь в звонок - даже звонок есть! - заходишь в прихожую. Направо - комната, из неё можно выйти на балкон. Прямо - коридор, там слева - сначала туалет, потом - ванная, дальше - кухня. Справа - ещё одна комната.

Высоченные потолки.

Вид с балкона - вообще обалдеть! - зелёный двор, ну, не очень пока зелёный, деревья ещё куцые, но подрастут же. Напротив - такие же двухэтажные дома, с такими же балконами и высокими потолками.

А своя собственная ванная? О таком даже мечтать не приходилось! Ванна - огромная, колонка с горячей водой. Чтобы нагреть колонку, включаешь газ на кухне, в специальной такой штуке, не знаю, как она называется, газ разгорается, и минут через 10 - можешь купаться.

Такая огромная, двухкомнатная квартира - всего лишь для Семёна Михайловича с Розой Самойловной, Идой и Майей.

Самуил хорошо представлял себе эту квартиру: приезжают с Мишей на "пятёрке", переходят дорогу, поднимаются по высоким ступенькам, звонят в дверь, мама им открывает, целует Мишу:

"Картина моя! Кинд тайере!"

Зовёт папу:

"Шимен, где ты есть? Ну что за человек такой! Иди уже сюда, Мулечка с Мишей пришли!"

Самуил снова спрятал не раз перечитанное письмо в конверт. Было ровно 8 часов утра.

- Входите, следующий!

LX

Клара покачала головой:

- Эта религия - для богов, Александр Владимирович. Живому человеку следовать её требованиям не под силу. Хотя, увы, было бы неплохо...

Отец Александр не стал спорить. Положил ладонь на толстую папку с рукописью, проговорил - серьёзно, хотя и с улыбкой:

- Надеюсь, Кларочка, эта книга будет - для людей. Во всяком случае, именно такой я её задумал ещё в семинарии. А писать начал уже в академии, на последнем курсе... Ну, как вам читается, Лариса Петровна? Сколько страниц осилили?

- Дочитала до конца, отец Александр, - ответила учительница, подливая горячий чай Самуилу, Кларе и отцу Александру. - Нелегко, но тем более интересно.

- Неужели всё прочитали? - священник от удивления развёл руками. - Если все будут так читать... Впрочем, я знаю, что, далеко не все.

- Пессимизм пагубен со всех точек зрения, - заметил Самуил. - В том числе с медицинской.

Отец Александр рассмеялся и кивнул:
— С религиозной тоже, Сеня. Но это совсем не пессимизм — скорее, как сказала бы Лариса Петровна — критический реализм.
— Вы думаете, батюшка, я пользуюсь этой терминологией? — усмехнулась Лариса Петровна.
— Виноват, — снова рассмеялся отец Александр. — Но дело в том, что даже если мою книгу напечатают, читать её так, как вы, Лариса Петровна, мало кто будет... Вот разве что Кларочка — но я не уверен, что она захочет...

Поезд, выбившийся из графика, усиленно навёрстывал упущенное. Клара заставила себя отвлечься от тарабанящего стука колёс.
— Прочитаю с удовольствием, Александр Владимирович. А всё-таки расскажите подробнее, о чём ваша книга?

Он отпил чаю из большой голубой чашки, раскрашенной жёлтыми полевыми цветами, подумал, потом сказал:
— Когда-то, давным-давно, ещё в средние века, был сделан свод четырёх Евангелий. Он называется Диатессарон, это означает "гармония"...

Отец Александр говорил с той же интонацией, что тогда в церкви, — подумал Самуил, автоматически отхлёбывая чай из похожей чашки.
— Ну, вот. А я решил написать... как бы самоуверенно это ни звучало... — свод священных писаний всех мировых религий. Единую книгу, которая не разъединяла бы, а объединяла... Понимаю, что ноша тяжела, но — как тогда в молодости задумал, так до сих пор всё никак не успокоюсь. Крест ведь на то и крест, чтобы его нести.
— Даст Бог, вашу книгу и напечатают, и прочитают, — сказала Лариса Петровна.
— Дай Бог, — проговорил отец Александр. — Я так много в неё вкладываю, что гарантии — никакой, только надежда.

Он улыбнулся и продолжал:
— И, конечно, вера и любовь... Поначалу было до того тяжко, что чуть не бросил... Учителем оказалось быть

неизмеримо труднее, чем учеником... А вот как рукоположили в дьяконы, вроде бы стало получаться. Ну, и вот, кажется, результат...

— А как же трудно быть учеником!.. - отозвалась Клара.

Как будто встряхнулась - Самуил заметил - и спросила:

— Но это ведь даже не море, Александр Владимирович, а целый океан.

— Верно, Кларочка. Вот и чувствую себя одновременно и учителем, и учеником, причём неизвестно, кем больше, потому даже не вдвойне, а втройне тяжелее... Ну, и слава Богу! В моей книге - и вера, и история, и искусство.

Словно забыв на время о приближающемся поезде, Клара улыбнулась - как улыбалась раньше перед тем, как в суде выступить с речью или рассказывая Мише очередной свой стишок.

— Один англичанин, - сказала она, - говорил, что произведение искусства лучше и важнее реальности. Значит, изучая искусство, вы тем самым изучаете его копию - реальность? Или, наоборот, уходите от неё?

Кажется, отец Александр, почувствовал, что поезд притормозил. Покачал головой и, улыбаясь, ответил:

— Оскар Уайльд пошутил. Искусство не может превзойти реальность: авторы находятся в разных весовых категориях.

Все рассмеялись.

— Это точно, - согласился Самуил, - оригинал, даже самый оригинальный, всё равно - копия.

— Но чем оригинальные такая копия, - добавила Клара, - тем она оказывается ближе к оригиналу... И всё-таки, Александр Владимирович, при всём уважении к вере, людям хочется доказательств. Чудес, знамений, железных фактов - уж как получится в каждом конкретном случае. Главное - доказательство. Понятно, что если бы все подставляли щёку, то подставлять в конце концов не пришлось бы вообще. Но как доказать человеку, что он должен подставить правую щёку, если получил по левой? Ребёнок поверит: потому что так сказала мама или

потому, что так сказал папа. А взрослый примется хныкать и требовать доказательств, как ребёнок - игрушку.
Отец Александр задумался, проговорил почти про себя, словно размышляя вслух:
- Тогда, Кларочка, получается, что взрослый по сравнению с ребёнком - это шаг даже не назад, а вниз, что ли...
Потом добавил громче, уже не столько для себя, сколько для всех:
- Нет, конечно. А что касается доказательств, то они нужны теореме, аксиома обходится без доказательств. Вот и дорогая наша учительница согласится со мной. Согласитесь, Лариса Петровна?
Та ответила, почти не улыбаясь:
- Я, дорогие мои, преподаю не алгебру, а гармонию. У нас больше ценится мнение, чем доказательство. Во всяком случае, в идеале должно быть так.
- Если мнение - есть, - заметила Клара.
- Потому как при отсутствии гербовой бумаги пишем на простой, - поддержал жену Самуил.
- Часто-густо - на очень-очень простой, - невесело проговорила Лариса Петровна. - Вы же знаете.
Но она тут же махнула рукой и сказала:
- Лучше я вам прочитаю небольшое украинское стихотворение, а вы, если его раньше не слышали, попробуйте угадать возраст автора. Называется "Надія".
- В честь нашей Нади - Надежды? - улыбнувшись, спросил Самуил.
- В честь надежы с маленькой бувы, - ответила Лариса Петровна. - Хотя нет, с большой. Ось послухайте:

Ні долі, ні волі у мене нема,
Зосталася тільки Надія одна:

Надія вернутись ще раз на Вкраїну,
Поглянуть іще раз на рідну країну,

Поглянуть іще раз на синій Дніпро, -
Там жити чи вмерти, мені все одно.

Поглянуть іще раз на степ, могилки,
Востаннє згадати палкії гадки...

Ні долі, ні волі у мене нема,
Зосталася тільки Надія одна.

Все вместе попробовали угадать, но не смогли, как ни старались.

LXI

Тридцать лет, это надо же!.. Когда Самуилу взвалили на плечи первый чувал - нет, в Аркуле говорили "мешок", хотя легче он от этого не становился, - первый мешок с зерном и Самуил потащил его на мельницу, ему было 15 лет, но мешок был такой тяжёлый, что к концу бесконечного рабочего дня Сеня ощущал себя пенсионером.

А сегодня исполнилось ровно вдвое больше... Сегодня было 22 апреля 1956 года.

Он вышел из комсомольского возраста ещё в позапрошлом году, и это тоже была дата. Но тридцать...

Самуил задумчиво посмотрел на Мишу, потом сказал Кларе:

- Вот видишь, Кларонька...

- Вижу, и нередко, - чуть озабоченно ответила Клара и вопросительно взглянула на мужа.

- Вот доказательство того, что мне уже тридцать лет. А ведь не верится...

Клара улыбнулась и, ничего не сказав, поцеловала обоих, по старшинству.

Юбилей... Когда приближался юбилей Никифора Фёдоровича, старый адвокат тяжело вздохнул и проговорил - невесело, хотя и вроде бы с улыбкой:

"Эх, Сеня, аж не верится, что мне теперь уже столько будет!.."

Самуил как ни в чём не бывал хлопнул его по плечу:

"Зато будет! Главное что вы - есть. А остальное от нас не зависит и потому нас не интересует!"

Легко успокаивать, когда юбилей - не у тебя...

Любимая Кларина сирень ещё не расцвела, но было тепло, словно в середине мая. Клара сидела за большим столом во дворе, рядом с Мишей и Самуилом. Поезд по-прежнему прибытием опаздывал, как объявили бы на вокзале. Клара улыбалась вместе со всеми, вместе со всеми вдыхала воздух - свежий, как бывает только ранней весной.

Тосты лились рекой вместе с некрепким, всего лишь 70-градусным коньяком, удавшимся Миколі на славу. Микола был горд, рассказывал одну невероятную историю за другой, и все лезли под стол от смеха.

В Харькове они собрались бы за круглым столом на Сумской. Конечно, пригласили Фиру Марковну с Даниилом Саввичем, и те пришли бы с Ритой - не оставлять же ребёнка без надзора, хотя ей скоро в школу. Да и с Мишей они большие друзья. Владимир Фёдорович произнёс тост: мол, сегодня - два дня рождения, один из которых намного важнее другого. Мария Исааковна строго возразила:

"Володя, следи за языком!"

"А что я такого сказал? - беззвучно хохоча, ответил Владимир Фёдорович. - Я же не уточнил, какой из них важнее!"

И все, кроме Марии Исааковны, даже дети, громко расхохотались. А белый гипсовый бюст на шкафу беспомощно, хотя внешне гордо, смотрел вдаль из-под козырька генералиссимусовской фуражки: возможно, он уже знал, что скоро Марии Иааковне придётся убрать его с привычного, всем видного места...

"Интересно, - подумала Клара, - что ответил бы папка на этот тост? Наверняка - что-нибудь афористичное..."

Она ждала сирени, и лета ждала. Хотя этим летом поезд наверняка прибудет на её станцию...

Самуил спел в свою честь неаполитанскую песню, закусил её куском на удивление несолёной и оттого особенно вкусной селёдки, в тысячный или миллионный раз вдохнул прозрачно-голубой украинский воздух - чем больше им дышишь, тем больше не можешь надышаться, как поёт Утёсов.

В Харькове они собрались бы в новой квартире, на улице Байрона.

"Ну, как поживают твои абликоти тутоние?" - с весёлой улыбкой спросила тётя Ида у Миши.

"У Нади в саду - всё свежее, несушёное, да Мита? - вопросом на вопрос ответил Самуил. - Но в небезопасных количествах, особенно - малина".

"Шимен, не спаивай ребёнка!" - строго сказала Роза Самойловна.

"Мама, - рассмеялся Самуил, - это я спаиваю папу!"

"Кушай, картина моя!" - переключила мама внимание на Мишу и намазала ему на чёрный хлеб форшмака.

Так вкусно, как бабушка Роза, форшмак никто не готовит. Только мама, конечно.

С Байрона Самуил с Мишей поехали на 5-й марке домой, на Сумскую: Кдара их уже ждала. Гости тоже заждались - как из голодного края, сказал бы Владимир Фёдорович, и никто, конечно, не обиделся бы, ведь он и себя имел в виду, в равной степени.

Они смотрели в открытое трамвайное окно, трамвай подпрыгивал на стыках рельсов, и им казалось, что долгожданное лето наступит ещё так нескоро: впереди ещё столько апреля и целый-прецелый май...

LXII

Ну, вот и ещё одно лето пришло - как всегда долгожданное и, наверно, поэтому неожиданное. И поезд наверстал упущенное, прибыл на свою неизбежную станцию: следствие закончилось, суд - через неделю...

Но всё равно налилась самыми сочными на свете яблоками высокая, немыслимо развесистая Надина анисовка, позолотились маленькие, словно мёдом намазанные сливы-марабельки - или как их правильно называть? До бархатной черноты покраснели вишни над летним столом, возле хаты-дома, а над вишней летали и жутко озабоченно жужжали жуки.

Рано утром Надя и Микола поставили раскладушку под тенистым орехом: живя в Харькове, Клара и не догадывалась, что під горіхом мухи не кусають. Все, кроме Нади, ушли или уехали на работу: Микола в совхоз, Самуил в поликлинику, Клара с Иваном Дормидонтовичем и секретарём Любой поехали на очередное выездное судебное заседание...

Надя, как обычно, намыла фруктов, дала по мисочке Мише и Коле, щоб сиділи собі тихенько, а она пойдёт заниматься хозяйством. То есть нет, конечно: вона піде клопотати по господарству. Дел у неё скопилось много: в хате убрать, обед сварить, яйца надрать. І щоб, заради Бога, не ходили їсти малину, бо ти ж пам'ятаєш, Мишко, що буває, якщо переїсти малини! Хай їй грець, тій малині! Как будто малина была виновата в том, что Миша тогда не отзывался на своё имя и объелся малиной до сыпи.

Если выйти из-под ореха, то было бы до того сонно и жарко, что в Чапаева не игралось и в жмурки тоже, а под орехом хотя бы разговаривалось. Поговорить можно от души и фруктов наесться от пуза.

Миша помнил, как недавно родители водили его в клуб на "Чапаева". Пока не вышли из кино, он ещё держался, но когда вышли, разревелся сильнее, чем когда его кусал комар и он не понимал, что происходит. И сильнее, чем когда он просил абликоти тутоние. И даже чем когда они с пацанами моталсь по Садовой, як скажені и он упал на жужелицу возле дома Борщей, чёрт их знает, этих Борщей, зачем они насыпали возле самісіньких воріт кучу жужелицы, может, просто рассыпали и не убрали. Що за люди такі! Ну просто роззяви якісь. А бідна дитина розпанахала собі коліна!

Миша с Колей дружно спорили про Чапаева. Не про то, конечно, спасся он или нет, тут всё, к счастью, было ясно, а про то, кто имеет право носить бурку и папаху - только командир или рядовой боец тоже. Миша считал, что рядовой боец тоже, потому что Чапаевым его выбирали редко. Правда, с другой стороны, право - это ещё не всё, потому что папахи у него всё равно не было. Хорошо хоть, бурка была: если правильно надеть, вернее, накинуть, пальто и застегнуть его под горлом, получается именно бурка. Ну, не настоящая - настоящие не продаются, не говоря уже о папахе.

За Надиным забором-тином, с противоположной от Обідіонів стороны, была дорога, дальше - поле, ещё дальше - пригорок, на склоне которого паслись коровы, как и тогда, когда Самуил спас Мишу с Колей от разъярённого быка.

Солнце жарило так, словно проверяло верхнянцев и нижнянцев на выносливость. Оно неподвижно висело прямо над орехом, потом выплыло - выплыло всё-таки, хоть и нехотя, лениво - с другой стороны забора и повисло над домом Обідіонів. Повисело, подпалило Галепиху, трудившуюся в огороде, и так же неторопливо - ему спешить некуда - поплыло себе дальше, к улице Ленина.

- Ну що, хлопці, наїлися? - спросила, выйдя из курятника, Надя. - Давайте сюди тарілки.

- Надю, намий іще фруктів! - попросил Миша, хотя и знал, что няня всё равно больше не даст.

Надя рассмеялась, забрала у них тарелки, поцеловала обоих:

- Не можу, хлопці. Фруктів-то багато, але якщо їх їсти кілограмами, вас так пронесе, що ви звідти до завтрашнього ранку не вийдете! - она показала на дворовый туалет, который Клара называла то неудобным удобством, то, вслед за Владимиром Фёдоровичем, домом работы неизвестного архитектора.

Забрав тарелки, Надя пошла в хату, а Миша с Колей решили поиграть в футбол во дворике у ворот: там разбивать и вытаптывать было нечего, поэтому Надя разрешала.

Миша обожал стоять на воротах. Он надевал чёрные перчатки, специально для этого подаренные мамой, серую кепку, подаренную Самуилом, тоже специально. "Умышленно" - сказал бы дедушка Володя. Обычно его коротко стригли, поэтому в кепке и перчатках он был вылитый Алексей Хомич. Федір про Хомича своему Коле не рассказывал, а Миша о футболе знал от Самуила всё, в том числе о венграх, немцах, в смысле о сборной ФРГ, конечно, и о Всеволоде (вот имя, попробуй

180

произнеси, зато играет как!) Боброве. Когда стриженный Миша становился на ворота, он был Хомичем, а когда волосы чуть отрастали - Леонидом Ивановым. А Коля - Бобровым или Константином (тоже имечко ничего себе) Бесковым.

В самый разгар игры, при ничейном счёте, раздалось истерическое конское ржание. Ржали за тином, отгораживающим Надин двор от дороги. Миша с Колей тут же бросились к тину, чуть не сбив нанизанные на него Надины глечики. Оказывается, неистово ржал большущий гнедой конь, почему-то упавший на спину и исступлённо сучивший ногами, словно случайно перевернувшийся вверх тормашками жук. Только жук, наверно, перестал бы жужжать, а конь, наоборот, ржал как ужаленный.

Над конём наклонился совхозный конюх, Надин сосед Васька Твердохліб. Он пытался поднять коня, ругал его на чём свет стоит, обзывал обезумевшее животное скотиной и другими последними словами, от которых Клара оберегала Мишу, а Аня - Колю. Но, оказывается, как убережёшь?

Как убережёшь, если то бык ни с того ни с сего озвереет, так он хоть бык, то вот конь спятит, то есть з глузду з'їде.

- Вставай, падлюко! - орал конюх громче, чем ржал конь. - Вб'ю заразу!

И ещё он ревел что-то на языке, пока что непонятном Мише и Коле, но, кажется, уже понятном коню, потому что тот вскочил, рванул и пошёл - Клара сказала бы, что прямо как персонаж стихотворения Маяковского об упавшей лошади. Точнее говоря, не пошёл, а полетел вдоль поля, по пыльной дороге, сопровождаемый полуистерическим криком всех верхнянских петухов, не знающих, что и думать и чего ожидать. Верхнянским издалека ответили нижнянские, и, наверно, если бы в далёком-предалёком Харькове водились петухи, то и оттуда, за сотни километров, было бы слышно. Миша и Коля стояли как вкопанные, ни живы ни мертвы.

На невероятный шум прибежала Надя, но, ей, кажется, совсем не было страшно.

— Тримай його, Васька! — весело крикнула она Твердохлібу. — Знаєш, за що тримати?!

Быка Микола советовал держать за нос. Надя представила себе, что её муж ответит на этот важнейший вопрос: за какое место нужно удерживать коня, если тот вздумает взбеситься?

А может, конь потому и взбесился?

И она расхохоталась почти как Клара. И Миша с Колей тоже — за компанию.

LXIII

А сегодня было совсем не до смеха.

В клубе "Победа" собрались и Верхнее, и Нижнее. Даже дети пришли, вернее, их привели, если не на кого было оставить дома. Уму непостижимо, каким образом всем хватило места...

Клара и Самуил усадили Мишу между собой.

Впервые в жизни Клара сидела не за адвокатским столом, а вместе со всеми.

В очередной раз она обвела взглядом зал. Рядом с ними сидели Косаченки, дальше — Надя, все соседи со съедобными и прочими фамилиями, чуть сзади — она кивнула им — Александр Владимирович с Верой Михайловной.

Сидение то ли было, то ли казалось невероятно неудобным, холодило и обжигало одновременно. Клара в первый, и опасалась, что не в последний, раз чувствовала себя двоечницей... Вспомнила школьную подругу Милку — та сказала бы — "единичницей". Как будто пришла на экзамен к профессору Фуксу, забыв всё, о чём он рассказывал на лекциях. Даже названия курса не помнила. Вспоминала — но ничего не вспоминалось... Забылось, как будто она сама захотела забыть...

Чтобы Клара — хотела это забыть?!..

Она отказалась быть защитником. Она — Клара Стольберг — отказалась быть altera pars, второй стороной. Всегда мечтала ею быть, всегда была ею, лучше всех умела то, что умела, и вот — добровольно отказалась от своего умения.

Фёдор Плевако, не глядя в её сторону, покачал головой. Пётр Александров развёл руками и отвернулся, невесело усмехнувшись. Николай Карабчевский сделал вид, что незнаком с ней.

У профессора Фукса покраснели глаза: с зимы 1953 года ему не было так неловко и даже стыдно - и снова, разумеется, не за себя. Но тем стыднее было, ведь ничего поделать он не мог...

Охранники с ружьями, к которым были пристёгнуты штыки, ввели Фроську и Бормотуна...

Клара знала, что когда-нибудь Миша откроет эту книгу, переставшую быть ей настольной, прочитает речи великих российских адвокатов. Защитников, умевших говорить так, как теперь не умеет никто. Умела она, Клара, - но больше уже не будет... Что же ответить Мише, когда он её спросит?

Иван Дормидонтович говорил что-то банальное...

Шахматная партия...

Нужно будет придумать причину отказа. Объяснить, что читать можно всё что угодно, что нет запретов, кроме вкуса. Что читать можно чем больше, тем лучше, зачем лишать себя одного из величайших удовольствий?

Но только - не речи Александрова, Плевако, Карабчевского... Клара захлопнула свою настольную книгу не только для себя, но и - для Миши.

Никифор Фёдорович говорил что-то банальное...

Шахматная партия...

Необходимо придумать причину отказа. Отказалась же она быть защитником, и причина была веской. Более веской причины не может быть...

Неужели забылось потому, что она - она, Клара Стольберг - сама этого захотела?..

Ушли совещаться...

Как-то - как, непонятно... - закрыться, укрыться от этой звенящей на весь потемневший свет фразы - Audiatur et altera pars. Если следовать ей, если возвести её в абсолют, как мать возводит в абсолют плач своего ребёнка, потому что этот плач - самое главное из всего, что есть на свете - сейчас и всегда, и какова бы ни была причина детского плача для всего остального мира, для матери он никогда не будет надоедливым капризом... - если возвести эту фразу в абсолют, если идти за нею - то, как оказывается... как взяло и оказалось... наткнёшься на огромную, толстую, острую спицу... и не успеешь, не успеешь!!!... не успеешь защитить ребёнка, а вместо этого обязана будешь - защищать руку, схватившую и направившую эту спицу в беззащитную сонную артерию.

...Объявили приговор.

Сначала все собравшиеся в "Победе" шумно захлопали: судья объявила, что Виктор Бормотун приговаривается к высшей мере. Нет, захлопали не все: Клара не хлопала. И Самуил. И Лариса Петровна. И Надя, и Микола, и Аня, и Федір. И дети, глядя на них - тоже. Отец Александр не хлопал, и Вера Михайловна. Многие, но всё-таки не все.

Потом судья объявила, что Ефросинья Пукало приговаривается... - нет, не к смертной казни. Сказала, что - к пятнадцати годам...

В огромном зале "Победы" стало мертвенно тихо... Как говорила Надя - запанувала тиша...

Самуил подумал, что тишина - такая же, как в тот зимний вечер, когда они с Кларой шли в роддом и она то и дело садилась отдохнуть в манящие, мягкие, но такие на самом деле безжизненно холодные сугробы.

Потом - словно взорвали зал: верхнянцы и нижнянцы - не все, но многие, почти все - закричали так, что Кларе показалось, будто высоченный потолок с лепниной закачался и вот-вот рухнет на головы кричащих. Несколько баб сорвались с места, бросились к Никифору Фёдоровичу, убивать. Охранники закрыли его, сомкнули ружья со штыками, и Никифор Фёдорович, старый и сутулый, шмыгнул куда-то поскорее.

Отец Александр необычно тяжело вздохнул, потом почти незаметно - никто, кроме Самуила, наверно, не заметил, - перекрестил Витьку с Фроськой...

Самуил обнял Клару за плечи и так же, как тогда, сказал:

- Пойдём, Кларонька. Всё будет хорошо, я тебе обещаю!

Она встала и пошла, держа Мишу за руку и Самуила - под руку. И Надя с Миколой - вслед за ними.

LXIV

Три года прокатились, как Катигорошек из одной из сказок, которые Клара читала Мише.

Самуил и Клара ходили и ходили - по улице Ленина, в Нижнее и обратно, снова по улице Ленина. Говорили, говорили...

И снова говорили, и снова ходили по улице Ленина...

- Здрастуйте, дохтуре!
- Добрий день, Кларисо Зіновіївно!

Клара досказала себе хасидскую притчу. Пришло время возвращаться в Харьков.

Один римский месяц сменил другой. Очутившись в Верхнем, он остановился, чтобы устало перевести дух, расставил горячие руки, словно не желая отпускать её домой - неповоротливый и сонный...

Окно старого и потому уютного кабинета Никифора Фёдоровича, в который Клара впервые вошла ровно три года назад, было распахнуто настежь. Но тяжёлый, ленивый августовский воздух не хотел освежать кабинет, да и не мог бы, даже если бы захотел, ведь сам был, словно только что - из Надиной духовки.

Твёрдая римская речь больше не была слышна. И надписи латиницей исчезли под свежей салатной краской...

Никифор Фёдорович молчал, Клара не перебивала его молчание, и он её тоже.

Наконец вздохнул в очередной раз, в очередной раз вынул красный карандаш из малахитово-зелёного стаканчика, положил на стол. Поднялся, снял форменный китель, повесил его на спинку стула. Снова сел. Сегодня он не казался таким старым, как на суде, но и молодым тоже не выглядел.

Поставил карандаш обратно в стаканчик, сказал или спросил:

- Сколько это уже Мише?

— Четыре с половиной, — ответила Клара. — Четыре и семь месяцев.

Никифор Фёдорович вздохнул:
— Значит, юбилей отпразднуете в Харькове...

Улыбнулся:
— Толковый хлопец. Оно и понятно: наследственность — будь здоров. Родительские книги ещё не читает? Или пока сказками обходится?

Клара едва заметно усмехнулась:
— Как-то пробовал почитать "Речи выдающихся русских адвокатов".
— А ты ему что на это?
— Какую-то банальность... В таких случаях взрослые говорят детям только банальности — которые говорили им, когда они были детьми. Наверно, что ему ещё рано читать эту книгу... Хотя нет, мне мама банальностей не говорила. Когда мне было восемь лет, подарила Пушкина.

Никифор Фёдорович снова вздохнул:
— А когда будет не рано, что ты ему скажешь?
— Скажу, что уже поздно. Пусть лучше Сенины книги читает. А ещё лучше — ни мои, ни его — чтобы поменьше задумывался о всевозможных болячках. Я ему подарю ту книгу, что мне подарила мама. Как говорит Александр Владимирович, книги передаются по наследству...

Никифор Фёдорович постучал жёлтым карандашом о дно стаканчика... Спросил:
— Чем будешь заниматься, Кларочка?

Клара помолчала, подумала — хотя и так уже думала об этом, и с Самуилом не раз обсуждала:
— Устроюсь юрисконсультом.
— Да, — кивнул Никифор Фёдорович, вынимая и ставя на место синий карандаш. — В Харькове столько заводов, и КБ всяких... Тебя с руками оторвут.
— Рвать меня не нужно, — не слишком бодро улыбнулась Клара, — хотя я и похожа на нежный цветок.

Гнида попытался рассмеяться, но не получилось. Проговорил невесело:
— И Самуилу работу найти — раз плюнуть.

Добавил ободряюще:

— У вас обоих теперь трёхлетний рабочий стаж. И профессии такие необходимые.

— К сожалению, — кивнула Клара, но Никифору Фёдоровичу было непонятно, какую из этих профессий она имеет в виду.

Он придвинул стаканчик с карандашами, отодвинул. Снова попробовал улыбнуться:

— Зато, Кларуня, ты уезжаешь непобеждённой! Ты же ни одного дела не проиграла. И это бы тоже выиграла, будь оно неладно...

— Оказывается, — сказала Клара после паузы, — оказывается, поражение острее всех чувствует то, кто так и не был побеждён...

Она встряхнулась:

— Никифор Фёдорович, приходите сегодня в 7 часов. Надя приглашает вас и Перебейноса. И мы с Сеней и Митуською вас приглашаем.

Адвокат кивнул, придвинул стаканчик...

...Миша научился писать несколько слов, так что повода не вернуться в Харьков не было.

LXV

— Та хто там приїде! — грустно махнул рукой Микола и осушил очередную стопку своего фирменного коньяка.

И пояснил уже на суржике — наверно, чтобы вышло хоть немного веселее:

— Город є город. В Харкові у вас стільки роботи буде — затуркаєтесь: і то надо, і сьо надо..

Все собравшиеся на прощальный обед понимающе покачали головами или цвыкнули.

— Эх, Сеня, — вздохнул Никифор Фёдорович, — кранты нам тут. Кто нас без тебя вылечит? Худо-бедно подлечат, а до конца всё равно не доведут...

Он говорил так серьёзно, что Кларе впервые за эти дни захотелось рассмеяться.

— Как устроишься на работу, — добавил Перебейнос, — жди гостей: приедем к тебе лечиться. Здоровье у нас не ахти, ты ж знаешь.

- Главное - движение! - повторил свой главный рецепт Самуил. - А с этим у вас всё в порядке, так что подлечивать вас не придётся.

Все были согласны, в первую очередь отец Александр.

За это грех было не выпить.

- Не забувай, що я тобі казав про бугаїв, Сєня, - качнул Микола куском селёдки, насаженным на вилку.

"Чудовий оселедець! - накрывая на стол, говорила Надя Кларе. - Ніжний, несолений. Це я на базарі купила, в Нижньому. У нас тут таких немає".

- Та які ж у Харкові бугаї, Миколо? - усмехнулась Надя, снисходительно глядя на мужа.

Лариса Петровна улыбнулась и возразила:

- А хто його знає... Не Сєню, а бугая. Ідеш собі спокійно десь там по Сумській, а з тролейбуса вилітає величезна тварина і кидається на тебе. І що тоді робити?

- Спокойно лечь на тротуар, - ответила Клара, стараясь быть беззаботной, - взять бугая за ноздри и держать до подхода подкрепления. По крайней мере, так нас учат профессионалы.

Все рассмеялись, особенно Микола.

- Смійтесь, смійтесь, - покивал он головой. - А от що ви будете робити, коли на вас таки нападе здоровезний бугаяка? В городі і не таке буває.

Выпили и за это - вернее, чтобы в Харькове им жилось спокойно и обошлось без нападения бугаёв.

Надя и Клара принесли горячее.

- Ой, яке жарков'є чудове! - причмокивая, воскликнула Галепиха.

- Не жаркое, а ненаглядная картинка! - добавила Аня.

Галепиха выпятила и без того выпяченную нижнюю губу, кивнула:

- Аж есть жалко! Съешь - и ничего не останется...

То есть, конечно, она сказала иначе:

- Аж їсти шкода! З'їси - і нічого не залишиться.

Клара старалась слушать...

Стены ждали - как всегда, рассчитывая помочь...

- Молодець, Надійко! - то ли чавкая, то ли причмокивая, заметил Андрон. - От готує жіночка - за вуха не відтягнеш.
- А це Кларочка готувала! - ответила Надя так гордо, как будто сама готовила это феноменальное жаркое.

Все уважительно покивали.

На какое-то время замолчали - наверно, каждому было о чём подумать...

- А давайте, люди добрі, вип'ємо за Ольгу Петрівну! - предложил Самуил, - серьёзно, как будто и не смеялись только что.
- Земля їй пухом! - проговорила Вера Михайловна.
- Царство Небесное, - вздохнул отец Александр.

Выпили. Долго молчали.

- Слухай, Сєня, - словно проснувшись, обратился к Самуилу Федір. - Ти б заспівав щось на прощання. Все ж таки останній раз...
- Та який там останній раз! - стараясь снова быть весёлым, воскликнул Самуил. - Кажу ж тобі: наступного року приїдемо! І ви до нас, будь ласка.
- Та ні, краще ви до нас, дохтуре! - улыбнулась Надя. - А то у вас там, у комуналці, навіть Мишкові нема де побігати, а тут ще ми на вашу голову. Приїздіть краще ви!

Самуил кивнул и запел. Клара подумала, что вот ещё одна песня, автора которой давным-давно забыли и называли теперь не иначе как абстрактным, безымянным "народом".

Ніч яка місячна, зоряна, ясная,
Видно, хоч голки збирай.
Вийди, коханая, працею зморена,
Хоч на хвилиночку в гай.

Всё Верхнее подхватило, и Нижнее поддержало, и Харьков, скорее всего, не остался в стороне:

Ти не лякайся, що ти свої ніженьки
Вмочиш в холодну росу.
Я ж тебе, вірная, аж до хатиноньки

Сам на руках однесу.

И снова, в который уже раз, украинские уменьшительные суффиксы вовсе даже не уменьшали значение слов, а совсем даже наоборот - увеличивали его, придавали новое. Самуил пел один из любимых своих романсов и удивлялся, как им это удаётся, - маленьким, уменьшительным суффиксам, неповторимым, как Надины марабельки, как яблоня анисовка, как застывшее над ними, прислушивающееся к пению украинское небо...

Миша с Колей попробовали подпевать, но такие высоченные ноты взять пока не удавалось.

- В будущем году - точно приедем, честное слово! - внешне уверенно воскликнул Самуил, когда допел песню.

- Тю! - скептически махнул рукой Микола. - В будущем году. Це ще срати і срати!..

Выпили - а что ещё оставалось? Впрочем, оставалось немало: Микола нагнал коньяка с запасом, наверно, хватит до их следующего приезда.

Самуил улыбнулся Наде с Миколой, подмигнул и сказал:

- Приедем, не сомневайтесь. Тем более, что будет повод - я вам как врач говорю.

За это особенно энергично выпили.

О чём-то заговорили, почти все стали шумными и рассеянными.

Клара наклонилась к Ларисе Петровне:
- Что говорят насчёт памятника?
Учительница покачала головой:
- Вроде бы пока Бог миловал. Правда, вопрос - они это называют "вопрос" - с повестки дня не снят: всё думают, как бы маму увековечить. Наверно, для того, чтобы её забыли поскорее... А вот если я попрошу издать её воспоминания - представляю себе, какой поднимется крик.

- Или, наоборот, воцарится тишина. Запанує, как говорится, тиша.

- Вот именно, причём зловещая. Ты же знаешь, как они умеют молчать.

- А о чём воспоминания? - спросила Клара, временно почти не думая о ждущих и обещающих помочь стенах.

Лариса Петровна помолчала, покачала головой. Снова помолчала.

- Сейчас даже говорить об этом рано, Кларочка... Тем более - издавать книгу. Да и когда Феде с Аней будет столько лет, сколько мне, тоже будет рано...

Она побарабанила кончиками пальцев по столу, накрытому расшитой разноцветными цветами скатертью.

- Разве что в Колино время... Якщо тільки тоді вже не буде пізно...

Бесконечный августовский день подходил к концу.

- Дай вам Бог счастья! - сказал отец Александр, когда Клара, Самуил и Миша встали из-за стола. - Не забывайте нас, пожалуйста.

- Та ні, вони не такі люди, щоб забути, - улыбнувшись, ответила за них Лариса Петровна.

Клара обняла учительницу, улыбнулась ей, потом отцу Александру:

- Вашу книгу обязательно напечатают, Александр Владимирович, вот увидите.

Священник вздохнул:

- Не знаю, Кларочка... Да и кто их знает, дай им Бог здоровья!...

Улыбнулся и добавил:

- Но зато верю в чудо. Ты же сама говоришь: чудо - это то, к чему очень стремишься и что, несмотря ни на что, всё-таки, слава Богу, сбывается.

LXVI

Владимир Фёдорович сел на скамейку под старым дубом в саду Шевченко. В кои веки не торопился: Мария задержится на работе, у них партсобрание. Что они там решают, аллах ведает. Может, как очередную улицу переименовать?

Достал папиросу из полупрозрачной пластмассовой коробочки тёмно-алого цвета, закурил, не опасаясь, что Мария задаст жару:

"Ты что это вздумал, Петкевич?! А ну выбрось эту гадость! Тебе кто позволил курить?!"

Можно посидеть полчасика, никуда не спеша. А папиросный запах он потом перебьёт барбариской, Мария не догадается.

Затянулся любимым "Казбеком". На кой ляд, спрашивается, ей эти собрания? Не может прожить без сборищ - и все такие серьёзные, что смех берёт.

"Знаешь что, Петкевич! Если тебя вот так вот будет брать смех, то на мою голову обязательно найдётся кто-то, кто тебя возьмёт", - наверняка сказала бы сейчас Мария. Ведь говорила уже неоднократно.

Ладно, ну вас к аллаху. Переименовывайте - или что вы там ещё решаете? Уже ни одного названия нормального не осталось, разве что по второму заходу пойдут? А потом - одни названия вернут назад, другие переименуют в третьи, пятые - в десятые. Так и будет чем заняться на собраниях. Начальство-то, как говорит Клара, только и делает, что имеет тонкие виды. Мария - умный же человек, что она там потеряла?

Затянулся знакомым приятно кисловатым дымом, посмотрел по сторонам. На скамейках сада Шевченко молодые и очень молодые женщины, совсем ещё пигалицы, читали книжки ещё, слава богу, не выросшим детям, а похожие на детей мужчины играли в шахматы.

Народу в парке много, но всё равно тихо. Снял соломенную шляпу, положил рядом на скамейку: под тенистым дубом шляпа не нужна.

Закурил вторую. Мария, наверно, уже собирается домой. Отдала последние ЦУ нижестоящим - а они все нижестоящие, потому что она - зампарторга отдела, - и вышла из тяжёлых, основательных дверей ТЭПа. Мельком взглянула в сторону Васика с Тарасиком, пошла вверх по переулку Короленко к Сумской. "Пятёрка" постояла на остановке, словно ожидая Марию, но, не дождавшись, поехала без неё через площадь Тевелева на Пушкинскую, а оттуда - прямиком к парку Горького.

Приклеится что-нибудь, что Петкевич придумает - потом никогда не отклеится, как эти злополучные "Васик и Тарасик". Он договорится когда-нибудь, как пить дать. Что за язык такой, честное слово! И возраст вроде бы уже солидный, скоро 53 года.

И ей - тоже скоро - целых 47...

Впрочем, об этом сейчас не думалось. Единственно важным было партсобрание, они снова обсуждали материалы съезда. Мария Исааковна сделала доклад: она готовила его несколько дней, накануне легла спать в третьем часу ночи. Чтобы собрание прошло хорошо, его нужно как следует подготовить. Говорила она уверенно, как всегда, и на все полагающиеся вопросы ответила как полагается. Она всегда знала, что сказать и как, а главное - что нужно, то есть можно говорить, а что - нет. И сейчас знала, хотя согласилась только потому, что обязана согласиться. Впрочем, разве это - "только"?

Согласилась, хотя совершенно не была согласна. И все, кто слушал Марию Исааковну в большой комнате их конструкторского отдела - а слушали внимательно, не отвлекаясь и не нарушая тишины, - все были согласны со своим зампарторга: согласились, хотя, конечно же, не были согласны. Она знала, что не были.

Мария Исааковна говорила - развенчивала и разоблачала, - и ей было неловко, стыдно и, по правде говоря, страшновато. Страшновато не привычно, как раньше, а как-то по-новому, непривычно, необъяснимо. И чем больше и аргументированнее говорила, тем дальше уходил страх, и в конце концов страха совершенно не осталось... неясно - к счастью или к сожалению. Но несогласие росло, несмотря на все аргументы. Марии казалось, что развенчивает она саму себя. И Клару, и Мишу, и Самуила, и Фельдманов. И Сумскую разоблачает, и вон тот дом Саламандры, и вот эту Зеркальную Стеклянную струю.

И Сад Шевченко, где, наверно, сидит, если ещё не ушёл домой, к её приходу, Петкевич. Сидит на Кларочкиной любимой скамейке под дубом и курит свой нескончаемый "Казбек". Потом будет сосать очередную барбариску - у него их тысячи, - чтобы не пахло дымом, как будто есть на свете такая барбариска, которая могла бы ввести в заблуждение Марию Исааковну.

Владимир Фёдорович понимал, что нет, конечно, и всё равно достал длинную сосательную конфету из кармана своего мягкого белого пиджака. Развернул, думая о предстоящей поездке к морю: они поедут втроём - Миша, Мария и он, - бросил бумажку в урну вслед за третьей папиросой и неторопливо пошёл домой. Мария вернётся с партсобрания не раньше, чем через полчаса, а идти от памятника Шевченко до Сумской, 82 - от силы четверть часа. Заявление на отпуск он подал, как только пришло письмо от Клары. Ему подписали: человек уже столько лет без отпуска.

Мария знала, что он не спешит, и тоже не торопилась: пусть дым хоть немного выветрится. И барбариски - их у него миллион - хоть как-то сделают своё дело. Да и костюм немного протряхнет на свежем воздухе, а то этот Петкевич прокурился, как паровоз...

Она почему-то - впрочем, почему "почему-то"? - подумала о поездке в Крым, к морю. Они поедут втроём: Миша и они с Петкевичем. Скоро Клара с Самуилом вернутся из своей ссылки, привезут ребёнка. Клара толком не объяснила, почему они решили вернуться, но главное - решили. Только написала в своём духе, что с хасидами ей теперь всё ясно, и почему-то - Sic transit gloria mundi. Чья слава прошла, не конкретизировала, хотя и без конкретизации понятно. Чтобы Марии Исааковне не было понятно?

А в Феодосии как раз будет бархатный сезон.

Заявление на отпуск Мария Исааковна подала сразу же. Его, конечно, тут же подписали: она столько лет не брала отпуска. Не брала, потому что все эти годы в отпуске не было смысла.

Мария снова стала думать о собрании - но мысли перебил Петкевич: он подошёл к дому одновременно с ней.

Пообедали, поговорили о партсобрании. Хорошо хоть там ничего не переименовали сегодня - впрочем, это, конечно, не от них зависело.

Владимир Фёдорович заказал такси на завтра, потом почитал "Известия", Мария Исааковна - "Правду".

Завтра вставать ни свет ни заря: поезд приходит рано утром.

LXVII

- Ну, хлопці, прощайтеся!.. - крикнула Надя почти бодро, хотя выглядела, как показалось Кларе, не бодрой, а скорее совсем наоборот.

Самуил обнялся с Федором, Миколой, потом с адвокатом и прокурором, с отцом Александром, Верой Михайловной. Дольше всех - с Ларисой Петровной и Надей. Поцеловал Колю на прощание, тот сказал Мише "Пока". И Миша ответил ему "Пока".

- Держись там, Кларочка! - посоветовал Никифор Фёдорович, лишь бы не молчать.

- Она там всех за пояс заткнёт... - выдавил из себя, тоже чтобы что-то сказать, Перебейнос.

Посидели на дорожку - кто на чемоданах, кто на вокзальной скамейке.

- Так я на вас надеюсь! - подмигнул Самуил Наді та Миколі.

- Рады стараться!.. - бодро ответил Микола, и Кларе было очевидно, что он действительно рад, так что особо стараться ему не приходится.

Поезд, тяжело отфыркиваясь и словно за кого-то отдуваясь, подкатил к платформе.

Отец Александр перекрестил их.

Они ещё сказали друг другу что-то, что уже не имело значения и что говорят обычно, чтобы расставаться не молча. Хотя, успела подумать Клара, большой разницы между молчанием и этими ничего не меняющими словами нет.

Микола подсадил Мишу на верхнюю ступеньку вагона, Самуил и остальные мужчины затащили в вагон все их 5 мест...

LXVIII

Самуил смотрел в вагонное окно, на торжественно чёрное небо, на котором с давних пор была рассыпана поблёскивающая в лунном свете чумацкая соль.

Он чувствовал тяжесть на своих плечах, но она совсем не давила, не то что аркульские мешки. Ему было всего-навсего 30 лет. Он знал, что с очень многим предстоит справиться, потому что очень многое зависело только от него.

И он был уверен, что справится, - чтобы Самуил не справился? Знал, что поможет всем, кому обязан помочь, ведь кто это сделает, если не он? Посмотрел вниз, на Клару с Мишей, и уснул - завтра вставать чуть свет.

...Безучастно - своих проблем предостаточно - мигнул в вагонном окне подбитый глаз вокзального столба.

"Вот и этим фотографиям пришло время желтеть", - подумала Клара, вспоминая, как прощалась с единственной подругой Милкой, когда ту родители увозили из Харькова во Владивосток.

Смотришь на только что отпечатанные снимки и думаешь, что они никогда не пожелтеют, потому что эти люди как были, так всегда и будут. Но мигнёт очередной вокзальный глаз - и фотографии начнут желтеть, а вместо них будешь ставить в альбом другие, на которых - другие люди. Ты изменилась за это время, потому что вокруг - все другие.

Вернее, все другие - потому, что изменилась ты.

И не вместо, конечно, а - кроме.

Но - это важнее всего - твои главные фотографии переходят с одной страницы на другую, никогда не желтея и только со временем незаметно изменяясь...

Чтобы заметить, как они, эти самые важные фотографии, изменились, пролистываешь альбом назад. Пролистываешь и говоришь себе: "Ах да, как же я могла забыть!.." А иногда, совсем редко, качаешь головой и вздыхаешь: "Это я помню всегда, это не просто было, это - есть. И будет".

Но приглядишься и поймёшь: а ведь они, оказывается, совсем жёлтые...

Наверно, альбом нужно как можно чаще листать назад, чтобы главные фотографии не желтели...

Миша отвернулся к стенке. Клара поправила на нём одеяло: прохладно, хоть и август.

LXIX

Он подошёл незаметно, наклонился над её полкой, прошептал, не заглушаемый стуком вагонных колёс:
"Спасибо тебе!"
"За что?"
"За то, что ты любишь меня... Знаю, что иногда тебе не нравлюсь, но даже когда не нравлюсь, всё равно любишь. Да и что это за любовь, если любят только тогда, когда тот, кого любят, нравится?"
Помолчал и добавил:
"Наконец-то!.. Я соскучился, а тебя всё нет и нет".
"А разве я - есть?" - так же неслышно спросила Клара.

И ответила - поправила одеяло, сползшее с Мишиного плеча.

"Я обещал, что дам тебе ответ, когда вы вернётесь, - ещё тише прошептал он. - Когда уезжаешь от меня, остаются одни только вопросы, колючие, как шерстяной свитер, надетый на голое тело. А сейчас - я отвечу, тебе осталось только приехать. Я не ставлю условий - я просто советую..."

Поезд подъезжает к платформе медленно, как будто растягивая удовольствие ожидания. Вот вроде бы уже совсем подъехал, можно наконец-то остановиться, а он всё не останавливается, всё катится, словно по инерции, мимо давно забытых - но, оказывается, не забывшихся - перронных столбов, киосков Союзпечати, продуктовых будочек... За всё никак не останавливающимся поездом бегут люди, не рассчитавшие - никогда не удаётся рассчитать, - где остановится их вагон...

- Дедушка! - закричал Миша, показывая пальцем на окно.

Владимир Фёдорович бежал за их вагоном, заглядывал в окна, всё ещё не видя ни Мишу, ни Клару, ни Самуила. Мария Исааковна шла быстро, но бегать так, как Петкевич, она была не в состоянии.

Казалось, поезд останавливается дольше, чем ехал до Харькова.

Впрочем, так кажется только тем, кто ждёт в вагонном коридоре или в тамбуре. А те, кто встречает на платформе, знают, что поезд едет очень долго, но когда уже, наконец, приехал, - влетает на вокзал по-хозяйски, не задумываясь и не колеблясь. Он - поезд бывалый. Он бывал здесь уже столько раз и так хорошо знает каждый рельсовый стык, каждый столб, каждый киоск на платформе, что вроде бы безучастно на всех парах прилетает словно ниоткуда и останавливается, отдуваясь и отфыркиваясь.

Проводница подняла верхнюю ступеньку, протёрла поручень, спустилась на перрон.

Владимир Фёдорович подхватил Мишу, поцеловал его, чуть обколов шершавым подбородком.

- Совсем большой!.. - воскликнула Мария Исааковна, целуя Мишу, потом Клару:

- Здравствуй, доченька!.. Здравствуй, Самуил.

- Пойдёмте, такси ждёт! - улыбаясь, сказал Владимир Фёдорович, поднял два из пяти мест и ухитрился взять одной рукой Мишу за руку.

Они поехали с Привокзальной площади по улице Свердлова, через площадь Розы Люксембург, по Сумской. Харьковские улицы только что полили поливалки, было так свежо и неизменно, как бывает только в Харькове. Ну где ещё может так быть?

Мимо проезжали "Победы", "ЗиМы", "Москвичи" со знакомыми Кларе знаками - ХАБ, ХАВ, ЧР - Владимир Фёдорович называл ЧРы "частный работник" или "честный рабочий", и Мария Исааковна уже пропускала это мимо ушей, - как с ним бороться, с этим Петкевичем?

Клара обняла Мишу и пропела ему весёлую песенку:

> Мы мирные люди,
> Сидим на верблюде
> И кушаем сладкий пирог.

Мысли суетились и прыгали, словно воробьи на аллее Сада Шевченко. Но главным было то, что они были понятны ей, эти весёлые, как её песенка, мысли-воробьи.
- Ну, как там у вас в Верхнем? Сявотская эра не наступила? - совсем даже не насмешливо спросил Зиновий.
Клара улыбнулась:
- Есть немножко, папка. Но на целую эру это явление пока не тянет. Если бы потянуло, ты бы здесь уже об этом знал. Причём не из газет, а намного надёжнее - скажем, из окна троллейбуса.
Зиновий поцеловал её в волнистые чёрные волосы:
- А ты знаешь, дочка, я тут сходил на выходные в библиотеку Короленко.
- Зачем, папка? У тебя же дома тысячи книг!
Зиновий улыбнулся:
- Решил почитать твоего Бенедиктова. Ты же его увезла в Верхнее.
- Похвально. Ну, и как тебе?
Зиновий откинулся на спинку скамейки, посмотрел на памятник Шевченко, уходящую вверх Сумскую, обнял Клару за плечи и сказал негромко - не продекламировал, а просто сказал:

> Вход воспрещается!" - как часто надпись эту
> Ты видишь на вратах, где ты хотел войти,
> Где входят многие, - тебе же, смотришь, нету
> Свободного пути.

Молчали, думали. Миша сидел рядом, рассматривал картинки в книжке, которую ему подарил дедушка Зяма. Невдалеке Самуил и Михаил Петрович пили газировку с сиропом. Мария Исааковна ехала в 4-м троллейбусе домой с работы, не замечая Берты, выходящей из дверей Гипрококса. Владимир Фёдорович разворачивал барбариску, чтобы Мария Исааковна ни о чём не догадалась...

- Ну скажи, папка, какое имеет значение, какими они были - хорошими, плохими, в полосочку?..

Зиновий кивнул, спросил риторически:

- Что имеет значение кроме того, что они написали?

- А если кто-то пишет так, что имеет значение что-то, кроме написанного, - так же риторически добавила Клара, - то какой смысл в этом написанном?..

Глаголы послушно, сами собой, стали не в ряд - Кларины глаголы рядов и шеренг не любили, - глаголы стали будущим временем. Клара получше укрыла Мишу, поцеловала его и, кажется, уснула.

Уснула, раздумывая, что положит ему на стул в изголовье кровати на его первый юбилей.

Не убеждая себя, была уверена, что Миша не будет одинок, - даже если будет один. Даже если придётся быть одному...

Пройдёт ещё много лет, станций и страниц, пока он доберётся до её фразы-загадки. И ещё столько же - пока найдёт разгадку. А он найдёт, потому что - он ведь будет не один.

Клара знала это и надеялась, что счастье передаётся по наследству.

И потому - спокойно уснула.

А поезду спать было некогда: он спешил в Харьков.

А вместе с ним спешила пролететь, прошмыгнуть, навсегда закончиться ещё одна крохотная бесконечность, из которых складывается жизнь...

Нет-нет, не навсегда.

Я перша братчиця в дівочім братстві.
(Я первая сестра в сестричестве).

Лариса Петрівна Косач (литературный псевдоним - ЛесяУкраїнка)

Позже я понял, что гирлянды бывают и траурными.

Хулио Кортасар

Над книгой работали:

Главный редактор Vicco Tamaris
Редактор Olga Bezhanova
Дизайн обложки Olanga Jay
Артдиректор Mary Benson
Верстальщик Jason Campbell

(c) Михаил Блехман (Michael S. Blekhman)
(c) IGRULITA Press
11 Central Shaft Rd, Florida, MA. 01247 USA
ISBN 978-1-936916-00-9   Тираж 50 000

www.ingramcontent.com/pod-product-compliance
Lightning Source LLC
Chambersburg PA
CBHW061642040426
42446CB00010B/1544